WITHDRAWN
HARVARD LIBRARY
WITHDRAWN

ANSELM VON CANTERBURY
DE VERITATE   ÜBER DIE WAHRHEIT

Lateinisch-deutsche Ausgabe
von P. Franciscus Salesius Schmitt O. S. B.
Abtei Wimpfen

Friedrich Frommann Verlag (Günther Holzboog)

Imprimatur

Wimpfen, den 29. Juni 1966, † Albert Schmitt, Abt

Imprimatur

Mainz, den 14. Juni 1966, Haenlein, Generalvikar

© Friedrich Frommann Verlag (Günther Holzboog), Stuttgart-Bad Cannstatt 1966

INHALTSVERZEICHNIS

Einführung   7

    Allgemeines über das Werk   7

    Zu den einzelnen Kapiteln   9

    Begriffsrealismus?   22

    Die Rechtheit   23

    Anselm und Thomas von Aquin   25

De veritate/Über die Wahrheit   31

EINFÜHRUNG

Allgemeines über das Werk

Das erste Werk des hl. Anselm (1033/4—1109), das „Monologion", war ein Selbstgespräch; das „Proslogion", das sich anschloß, war eine Anrede. Nach ihnen folgten Zwiegespräche, Dialoge zwischen dem Lehrer und dem Schüler. Diese literarische Form wählte Anselm offenbar, weil sie sich vorzüglich für in erster Linie logische Untersuchungen eignet und diese zugleich belebt.

Das Werk „Über die Wahrheit" ist der erste der Dialoge, die Anselm zu einer Trilogie zusammengefaßt hat. Die beiden anderen sind „Über die Freiheit des Willens" und „Vom Fall des Teufels". Nach Wunsch des Verfassers im Vorwort sollen diese Dialoge in der von ihm angeordneten Reihenfolge abgeschrieben werden, wenn es auch von einigen voreilig in anderer Folge geschehen sei [1].

Anselm bemerkt, daß die drei Werke „zu verschiedenen Zeiten" abgefaßt wurden. Wir schreiben sie den Jahren 1080—1085 zu [2]. Das „Monologion" wird zweimal zitiert. Andererseits beruft sich Anselm in späteren Werken auf unsere Schrift.

Der „Schüler", den sich der „Lehrer" Anselm zum Interlocutor gewählt hat, ist kein einfältiger Mann, sondern ein durchgebildeter Logiker und Dialektiker, in dessen Mund manche Einsichten gelegt werden. So steht der Dialog immer auf einem hohen Niveau. Auf die Bedeutung unserer umfangmäßig bescheidenen Schrift ist öfters hingewiesen worden. Sie gewährt uns einen tiefen Einblick in das philosophisch-theologische Denken Anselms [3]. Anselm will darin den philosophischen Begriff der Wahrheit erfassen. Als er dieses Problem in Angriff nahm, betrat er Neuland: „Ich kann mich nicht erinnern, eine Definition der Wahrheit gefunden zu haben" (K. 1). Auch

Augustin, der doch viele Male auf die Wahrheit zu sprechen kam [4], hat uns keine systematische Abhandlung darüber hinterlassen. So war Anselm ganz auf eigene Spekulation angewiesen. Dieser erste, grandiose Versuch, den Wahrheitsbegriff philosophisch erschöpfend zu behandeln, war eine bedeutende Leistung. Anselm hat einen durchaus originalen und eigenständigen Begriff der Wahrheit entwickelt.

Drei Hauptthemen gibt Anselm im Vorwort als Inhalt seines Werkes an: „was die Wahrheit ist und in welchen Dingen sie ausgesagt zu werden pflegt und was die Gerechtigkeit ist". Es geht also in erster Linie um die Definition der Wahrheit. Der Weg dazu ist die Frage nach den Trägern der Wahrheit. Wegen der Affinität von Wahrheit und Gerechtigkeit wird im Anschluß daran auch die Definition der Gerechtigkeit ermittelt.

Bevor wir näher auf den Inhalt des Werkes eingehen, ist es notwendig, seine wissenschaftliche Methode zu klären: ist es Philosophie oder Theologie? Im „Monologion" ist Anselm mit der Vernunft allein (sola ratione) vorgegangen, ohne die Hl. Schrift zu Hilfe zu nehmen. Ähnliches gilt vom „Proslogion". Er hatte bei seinen Beweisen in erster Linie den Ungläubigen im Auge, der zu widerlegen oder zu überzeugen war [5]. In „De veritate" entfällt diese Zielrichtung. Es erfolgt demgemäß ein Wandel in den methodischen Voraussetzungen. Für seinen ersten Ausgangspunkt, daß Gott die höchste Wahrheit ist, beruft sich Anselm ohne weiteres auf die Offenbarung. „Wir glauben", sagt er hier (er hätte sich freilich auch auf den rationalen Nachweis dafür in K. 16 seines „Monologion" berufen können). Der andere Ausgangspunkt, daß die Wahrheit sich in vielen anderen Dingen findet, ist zum Teil dem Evangelium des hl. Johannes entnommen: daß nämlich auch im Willen und im Handeln Wahrheit ist, während die anderen Sitze der Wahrheit sich aus dem Sprachgebrauch ergeben. Das Beweisverfahren, das Wesen und Einheit der Wahrheit dartut, ist hingegen rein philosophisch. Somit haben wir ein Zusammenwirken von spekulativer Theologie und Philosophie, das der kommenden scholastischen Methode entspricht.

Anselm selbst rechnet die drei Dialoge zur Theologie, oder im Sprachgebrauch seiner Zeit „zum Studium der Hl. Schrift". Deshalb schließt er einen vierten Dialog, der mit den Worten „Vom Grammatiker" beginnt [6] und der kein theologisches Problem behandelt, sondern eine „Einführung in die Dialektik" sein will, von dieser Gruppe aus [7].

Über den Wahrheitsbegriff Anselms sind in den letzten Jahren einige monographische Arbeiten erschienen: Rassam, J., *Existence et vérité chez S. Anselme*, in: *Archives de philosophie* 24 (1961), S. 330 bis 337; Wiedmann, F., *Wahrheit als Rechtheit*, in: *Epimeleia, Die Sorge der Philosophie um den Menschen*, 1964, S. 174—182; Pouchet, R., *La „rectitude" chez saint Anselme. Un itineraire augustinienne de l'âme à Dieu*, 1964; Flasch, K., *Zum Begriff der Wahrheit bei Anselm von Canterbury*, in: *Philosophisches Jahrbuch* 72 (1965), S. 322—352.

Gegenüber der „realistischen (= aristotelischen)" Deutung des anselmischen Wahrheitsbegriffes, wie er von den übrigen Autoren (genannt wird ausdrücklich Rassam) vertreten wird, verficht Flasch eine transzendental-subjektive Interpretation. Anselm scheine zwar auf weite Strecken den realistischen Wahrheitsbegriff zu gehen, im Laufe des Dialogs habe er sich aber von ihm wegbewegt. Doch meinen wir, daß Anselm eine solche „Kehre" deutlicher zum Ausdruck gebracht hätte.

Zu den einzelnen Kapiteln

Wir können hier keinen eingehenden Kommentar zu dem Werke geben; es sollen nur einige Bemerkungen zu jedem der 13 Kapitel gegeben werden.

Zu Kapitel 1

Die Untersuchung geht von folgender Überlegung aus: Auf der einen Seite steht der Glaubenssatz, daß Gott die Wahrheit ist; auf der anderen Seite sagen wir von vielen Dingen, daß in ihnen Wahrheit ist. Ist das nun überall Gott selbst?

Bereits im 18. Kapitel des „Monologion" war Anselm auf die Wahrheit der Rede zu sprechen gekommen, um aus ihrer Anfangs- und Endlosigkeit die Ewigkeit der höchsten Wesenheit darzutun, die er in K. 16 als die höchste Wahrheit erwiesen hatte. Diese Darlegung, die im Dialog wörtlich wiederholt wird, nimmt Anselm zum Ausgangspunkt seiner Untersuchung. In K. 10 kommt er auf sie zurück.

Die eingangs gestellte Frage wird im letzten Kapitel beantwortet. Die vorausgehenden Kapitel gelten der Begriffsbestimmung der Wahrheit. Um zu ihr zu kommen, geht Anselm induktiv vor: er geht alle Dinge durch, denen Wahrheit zugesprochen wird, und fragt jeweils, was hier die Wahrheit ist. Er stellt seine Untersuchung auf breiteste Grundlage: auf die logische Wahrheit im Denken, in der Aussage und allgemein in den Zeichen; wie auch auf die ethische Wahrheit im Wollen und Handeln und die ontologische Wahrheit im Wesen der Dinge und in der höchsten Wahrheit, die Gott ist [8].

Als gemeinsamen Nenner in sämtlichen Arten von Wahrheit stellt er die Rechtheit (rectitudo) fest. Diese besteht darin, daß ein Ding so ist, wie es sein muß oder soll und wozu es „geschaffen" ist (K. 2) oder wie es ihm „gegeben wurde" (K. 2—3) oder wie zu sein es „empfangen" hat (K. 3—7). Die „Rechtheit" wird so zum Zentralbegriff des ganzen Werkes.

Zu Kapitel 2

In der Reihenfolge der zu untersuchenden Wahrheiten geht Anselm vom Bekannteren zum Unbekannteren vor (s. K. 9). So wird mit der

Aussage begonnen, weil wir ihr am öftesten das Prädikat „wahr" oder „falsch" beilegen. Die Überschrift dieses Kapitels heißt zwar: „Von der Wahrheit der Anzeige und den beiden Wahrheiten der Aussage". Der Text dagegen beginnt mit der Wahrheit der Aussage. Es muß jedoch zwischen der Aussage und ihrer Anzeige unterschieden werden: „Sieh zu, ob die Rede selbst oder ihre Anzeige ist, ..., was du suchst" [9]. Wenn Anselm die ausgesagte Sache die Ursache der Wahrheit nennt, so geht das auf Aristoteles zurück (s. Boethius, *In Categorias Aristotelis*, l. IV [Migne, *Patrologia Latina* 64, 285 s.]): „Es ist aber die wahre Rede keineswegs die Ursache, daß die Sache ist, sondern es scheint irgendwie die Sache die Ursache zu sein, daß die wahre Rede ist."

Zur Wahrheit der Aussage gehören außer der stimmlichen Anzeige (Rede usw.) auch alle Zeichen, wie die Schrift und die Fingersprache. Außerdem die Handlung, auf die K. 9 zu sprechen kommt. Die Wahrheit besteht nun weder in der ausgesagten Sache noch in der Aussage oder ihrer Anzeige, sondern in der Rechtheit der Aussage oder Rede. Diese ist gegeben, wenn ist, was die Rede anzeigt, sei es bejahend oder verneinend. Von der Bejahung heißt es, daß sie geschaffen wurde, um anzuzeigen, was sie muß. Der Ausdruck „geschaffen" sagt den Seinszweck der Anzeige an. Ihm gegenüber steht das Wort „empfangen". Anselm unterscheidet nämlich zwischen der Aussage als solcher, ohne Berücksichtigung des Wahrheitsgehaltes, und der Aussage, die mit der Wirklichkeit übereinstimmt, die also anzeigt, was anzuzeigen sie „geschaffen" ist. Die erstere ist immer recht, weil sie anzeigt, was anzuzeigen sie naturhaft „empfangen" hat (nämlich vom Redenden). Der Sprachgebrauch freilich legt nur der anderen das Prädikat der Wahrheit bei. Jede Art dieser beiden Aussagen zeigt an, was sie muß; aber die zweite in doppelter Weise. Die erste haftet der Aussage unveränderlich an, die andere dagegen veränderlich. Die naturnotwendig wahre Aussage ist zur Wahrheit des (naturhaften) Handelns zu zählen, von der das 5. Kapitel sprechen wird.

Es ist zu beachten, daß Anselm die Aussage für sich allein betrachtet,

getrennt vom redenden Subjekt. Die Rechtheit wird also nicht diesem, sondern der Aussage beigelegt. In ihr liegt das Müssen.

Zu Kapitel 3

Der zweite Sitz der Wahrheit ist das Meinen oder Denken. Dieses Kapitel ist überraschend kurz ausgefallen. Nach wohl allgemeiner Anschauung besteht die Wahrheit in der Übereinstimmung von Ding und Erkenntnisvermögen, würde sich mithin mit diesem Kapitel erschöpfen. Für Anselm ist das Denken nur eines von den „Dingen", denen Wahrheit beigelegt wird.

Das Denkenkönnen, daß etwas ist oder nicht ist, ist uns „gegeben" worden, damit wir denken, daß ist, was ist, und nicht ist, was nicht ist. Das ist unser Muß, unser Sollen. Wenn das Denken seinem Zweck entsprechend gebraucht wird, ist es wahr oder recht, sonst falsch. Somit besteht auch die Wahrheit des Denkens in der Rechtheit.

Im Gegensatz zur Wahrheit der Aussage wird hier die Person des Denkenden einbezogen: „Dazu ist *uns* gegeben, ... damit *wir* denken..." etc. „Wer meint..." etc. „und daher ist sein Denken recht." Am Schluß aber heißt es wieder unpersönlich: „... so ist seine (des Denkens) Wahrheit nichts anderes als Rechtheit."

Zu Kapitel 4

Daß Wahrheit auch im Willen ist, wird aus dem Schriftwort (Joh. 8, 44) hergeleitet, daß der Teufel nicht in der Wahrheit verharrte. Das sei nur auf seinen (sündigen) Willen zurückzuführen.

Das Kapitel ist ganz auf das konkrete Ereignis eingestellt. Unter Wahrheit ist dort nichts anderes zu verstehen als Rechtheit; d. h. der

Teufel hatte zu wollen, was er sollte; denn dazu hatte er den Willen empfangen. Hier ist nur vom Teufel als Träger des Wollens die Rede.

Anselm denkt hier nur an die Genus-Bestimmung „Rechtheit", die, wie wir sehen werden, auch die Gerechtigkeit, die ihren Sitz im Willen hat, umfaßt. Ähnliches gilt auch für den nächsten Punkt, für die Wahrheit des Handelns.

Zu Kapitel 5

Aus einem anderen Johanneswort (3, 20 f.), das von böse handeln und Wahrheit tun spricht, wird geschlossen, daß auch im Handeln Wahrheit ist. Es ergibt sich aus dieser Stelle, daß Wahrheit tun und gut handeln dasselbe ist. Nun handelt, wer tut, was er soll, gut und tut Rechtheit. Rechtheit und Wahrheit tun ist also dasselbe. Mithin besteht auch die Wahrheit der Handlung in der Rechtheit. Das gilt vom notwendigen, naturhaften Handeln der vernunftlosen Geschöpfe ebenso wie vom freien Handeln des Menschen. Der Schluß kommt nochmals auf die der Aussage unveränderlich anhaftende Wahrheit, die den naturhaften Handlungen zuzurechnen ist, zurück (s. zu K. 2).

Ein kleiner Exkurs zeigt, daß der Herr unter „tun" jedes Verbum versteht, auch das Leiden und alle anderen Intransitiva. Auch das Wollen fällt darunter. Anselm begründet, mit Berufung auf den Herrn, warum er von der Wahrheit des Willens eigens gehandelt hat [10].

Zu Kapitel 6

Weiter ist Wahrheit in den Sinnen. Die Rechtheit der Sinne ist damit gegeben, daß „sie melden, was sie können, weil sie es so zu können empfangen haben". Die Sinnestätigkeit ist ein naturhaftes Han-

deln. Deshalb melden die Sinne immer die Wahrheit. Jede Täuschung ist nicht ihnen, sondern dem inneren Sinne, dem Urteil der Seele, zuzuschreiben.

Interessant sind die Beispiele von sogenannten „Sinnestäuschungen", die uns verraten, daß Anselm in der Physik seiner Zeit nicht unbewandert war.

Zu Kapitel 7

Dieses Kapitel handelt von der Wahrheit, die im Wesen der Dinge liegt, „über die nur wenige nachdenken" (K. 9). Es sind hier alle Dinge gemeint, nicht nur die, Sitze der Wahrheit sind. Es ist also von der ontologischen oder transzendentalen Wahrheit die Rede, die jedem Dinge anhaftet.

Die Wahrheit des Wesens der Dinge ist dadurch vorhanden, daß sie das sind, was sie in der höchsten Wahrheit sind, und von dorther „empfangen" haben, was sie sind. Hier ist aus dem „Monologion" (K. 9) zu erinnern, daß im Intellekt der höchsten Natur ein Modell [11] aller zu schaffenden Dinge vorausgeht. Die Dinge sind wahr, weil alles, was falsch ist, nicht ist [12]. Da die Dinge das sind, was sie in der höchsten Wahrheit sind, sind sie, was sie sein müssen, und alles, was sein muß, ist recht. So ist die Wahrheit der Dinge die Rechtheit [13].

Zu Kapitel 8

Die Aussage, daß alles, was ist, sein muß, ruft den Einwand auf den Plan, daß dann auch alle schlechten Werke sein müssen. Um ihn zu entkräften, handelt Anselm in einem eigenen Kapitel über die verschiedenen Bedeutungen der Begriffe „müssen" und „nichtmüssen". Drei Gedanken sind es, die Anselm hier ausführlich entwik-

kelt: 1. Nicht nur, was Gott tut, sondern auch was er zuläßt, muß sein. 2. Es ist möglich, daß dieselbe Handlung unter verschiedenen Gesichtspunkten sein und nicht sein muß. 3. „Müssen" und „nichtmüssen" werden auch uneigentlich gebraucht, insofern sie nicht von dem Subjekte, von dem sie ausgesagt werden, sondern von anderen zu erfüllen sind. Ähnliches gilt auch für „können" und „nichtkönnen".

Andere Begriffe, die in diesem Kapitel unter die Lupe genommen werden, sind „tun" und „erleiden". In K. 5 hatte Anselm schon den mehrfachen Gebrauch des Wortes „tun" behandelt. Solche Begriffsanalysen, die zum wesentlichen Bestandteil anselmischen Philosophierens gehören, finden sich häufig auch in anderen Werken, namentlich zur Erläuterung schwieriger Schriftstellen, die vom Gegner ins Feld geführt werden. Dazu kommen grammatikalische Exkurse, wie am Schluß von K. 12. Eine systematische Behandlung solcher logischgrammatischen Untersuchungen in einem eigenen Werke hatte Anselm geplant; es ist jedoch fragmenthaft geblieben[14].

Zu Kapitel 9

Noch einmal kehrt die Wahrheit der Anzeige wieder. Diese liegt nicht bloß in den eigentlichen Zeichen, sondern auch im Handeln, durch das eine Wahrheit (oder Lüge) ausgesprochen werden kann. Wer etwas tut, zeigt damit an und läßt erkennen, daß er es tun muß. Recht ist diese Anzeige, wenn er das, was er tut, wirklich tun muß. Das Handeln wird also das eine Mal als Anzeige, das andere Mal als spezifische Wahrheitsgattung betrachtet. Unter Handeln sind auch alle Dinge, deren Wahrheit bisher untersucht wurde, zu verstehen: genannt werden Denken, Reden, Wollen und die Existenz der Dinge. Sie zeigen durch ihr Tun oder Sein an, was sie müssen oder sollen. So ist die Wahrheit der Anzeige mit allen anderen Arten von Wahrheit verbunden.

Zu Kapitel 10

Als letztes wird die höchste Wahrheit behandelt. Sie ist sowohl Ausgangs- wie Zielpunkt der anselmischen Wahrheitslehre. Daß auch sie Rechtheit ist, leuchtet von selbst ein. Sie hat aber das Einmalige, daß sie ohne Beziehung zum Müssen oder Sollen steht; alles andere ist vielmehr ihr verpflichtet. Sie ist aus keinem andren Grunde, was sie ist, außer daß sie ist [15]. Sie ist die nicht verursachte Ursache aller anderen Rechtheiten oder Wahrheiten.

Hier wird eine Hierarchie der Ursächlichkeiten der verschiedenen Wahrheiten untereinander aufgestellt: Die höchste Wahrheit ist die Ursache aller Wahrheiten, und nichts ist ihre Ursache. Die Wahrheit, die in der Existenz der Dinge liegt, ist die Wirkung der höchsten Wahrheit und zugleich Ursache der Wahrheiten des (menschlichen) Denkens und Redens [16], die selbst keiner Wahrheit Ursache sind. Die Wahrheit des Willens und der Handlung läßt Anselm hier unberücksichtigt.

Wenn wir nach der Art der Ursächlichkeit fragen, von der hier die Rede ist, so ist darauf hinzuweisen, daß Anselm im K. 6 des „Monologion" alle Ursachen aufzählt, die er kennt: die Material-, die Wirk- und die Instrumentalursache [16a]. Bei der Schöpfung der Welt setzt er die Wirkursache ein: alles wurde von dem höchsten Wesen aus dem Nichts hervorgebracht. Von einer Exemplarursache spricht er nicht. Eine solche käme auch nur dort in Frage, wo der menschliche Geist Sitz der Wahrheit ist. Wenn die höchste Wahrheit die Ursache aller Wahrheit und die Dinge die Ursache der Wahrheit des Denkens und Redens heißt, so kann darunter nur die bewirkende Ursache gemeint sein. Darauf weisen auch die Ausdrücke, die Anselm gebraucht, hin: „geschaffen", „gegeben" und „empfangen".

Anselm gibt im folgenden eine für die Erfassung seines Wahrheitsbegriffes wichtige Erklärung der Stelle aus dem 18. Kapitel des „Monologion", die er in K. 2 zitiert hatte. Zum Verständnis dieser subtilen Argumentation ist zu bedenken: Es wird zunächst die Bedingung

hinzugefügt: „falls diese Rede (nämlich daß etwas zukünftig sein wird oder etwas vergangen ist) existierte" oder „getan ist". Dann ist zu unterscheiden zwischen der Rede und ihrer Wahrheit. Die Rede ist nicht ohne Anfang und ohne Ende; sie geht vorüber; aber ihre Wahrheit ist unvergänglich. Ferner wird vorausgesetzt, daß diese Rede wahr ist. Das zeigen Sätze wie: „daß ihr die *Wahrheit* fehlte..."; „wann diese *Wahrheit* nicht hätte sein können"; „daß jene *Wahrheit* ohne Anfang gewesen sei, die die erste Ursache dieser *Wahrheit* ist"; „Denn *die Wahrheit* dieser Rede könnte nicht immer sein..."; „Es ist ja die Rede nicht *wahr*, die sagt..." Unter dieser Bedingung läßt es sich nicht denken, daß es eine Zeit gibt, in der diese Wahrheit, die zur Zeit der Rede da war, nicht mehr sein wird oder noch nicht war. Die Voraussetzung dafür, daß diese Rede wahr ist, ist, daß wirklich etwas zukünftig ist und etwas wirklich war; und dafür wieder, daß es in der höchsten Wahrheit ist.

Es geht hier immer um den Nachweis der Ewigkeit dieser Wahrheit. Diese selbst hat ihre Ursache in der höchsten oder ersten Wahrheit. Wenn es die Rede *gäbe*, in der die genannte Wahrheit sein *könnte*, muß die Ursache dieser Wahrheit, nämlich die höchste Wahrheit, ohne Anfang und Ende sein. Alles ist also konditional! Sobald sich die Bedingung erfüllt, realisiert sich auch die Notwendigkeit der Folge.

Als Beweis für die Ewigkeit dieser Wahrheit führt Anselm die Denkwidrigkeit des Gegenteils an: „Es läßt sich nicht denken, wann ihr die Wahrheit fehlte"; und: „es läßt sich kein Ende denken von der Wahrheit, die die Ursache dieser Wahrheit ist." Bereits im „Monologion" leitete er seinen Beweis mit den Worten ein: „Es denke, wer es vermag, wann begonnen hat oder wann das nicht wahr war, nämlich daß etwas zukünftig war, oder wann aufhören wird und das nicht mehr wahr sein wird, nämlich daß etwas vergangen war"; und schloß: „Es ist unmöglich, auch nur zu denken, daß die Wahrheit einen Anfang oder ein Ende habe [17]."

Dieser Schluß hat als Voraussetzung das Axiom: „Was denkwidrig

ist, kann nicht wahr sein." Wenn es sich nicht verstehen läßt, daß dieser Rede irgendwann die Wahrheit fehlt, folgt positiv, daß sie ewig sein muß. Nicht aber folgt für Anselm, daß alles, was denkmöglich ist, auch wirklich ist. Man muß vor Augen haben, daß Anselm, wie gezeigt wurde, von etwas Realem, nämlich von einer wahren Rede, ausgeht. Nur unter dieser Bedingung ist von einer logischen Denkunmöglichkeit ein positiver Schluß auf die Wirklichkeit und Notwendigkeit des kontradiktorischen Gegenteils erlaubt.

Zu Kapitel 11

Die Rechtheit macht das Wesen aller Arten von Wahrheit aus. In K. 11 erhält diese Definition ihre spezifizierende Ergänzung. Um die Rechtheit von der rein körperlichen Geradheit (im Lateinischen steht auch hier rectitudo) einer Rute zu unterscheiden, wird hinzugefügt: „mit dem Verstande allein erfaßbar". Die ganze Definition der Wahrheit lautet also: „Wahrheit ist die mit dem Verstande allein erfaßbare Rechtheit." Es ist demnach zu unterscheiden zwischen der Wahrnehmung der Sinne am Subjekt und der Richtigkeit der Sinneswahrnehmung, die mit dem Verstande und abstrahiert vom Subjekt feststellbar ist. Nur letzterer wird Wahrheit zugeschrieben.

Wie die Rechtheit in den einzelnen Fällen festgestellt wird, erklärt Anselm nicht näher [18], da das Aufgabe der Erkenntnislehre ist, der Anselm keine Monographie gewidmet hat. Sie ist aus den einzelnen Schriften zusammenzustellen (siehe J. Fischer, *Die Erkenntnislehre Anselms von Canterbury; Beiträge zur Geschichte der Philosophie des Mittelalters* X, 3 [1911]). Anselm will nur betonen, daß sich die Wahrheit nicht mit den Sinnen, sondern nur mit dem Verstande erfassen läßt [19].

Unter Berücksichtigung des „Monologion" können wir Anselms

Lehre über das Verhältnis der einzelnen Wahrheiten zueinander wie folgt zusammenfassen:

Gott ist die höchste Wahrheit. Sie ist, was sie ist, weil sie ist. Wenn Gott die Dinge schafft, schafft er sie nach dem Modell, das er von ihnen in seinem Intellekt hat. Die Dinge sind wahr, weil sie sind, wie sie in der höchsten Wahrheit sind. Denken und Reden sind wahr, wenn sie sich nach den Dingen richten, das heißt mit ihnen übereinstimmen; sonst falsch. Das Handeln mit seinen Abarten ist wahr, wenn es mit seinem Müssen übereinstimmt. Die Wahrheit des freien Handelns ist wahr, wenn es mit dem Sollen übereinstimmt; es ist dann Gerechtigkeit, von der das folgende Kapitel handelt.

Zu Kapitel 12

Die Feststellung, daß Wahrheit gleich Rechtheit ist und Rechtheit dasselbe wie Gerechtigkeit zu sein scheint — auch in Gott, in dem beide dasselbe sind —, veranlaßt den Schüler, den Lehrer um die Definition der Gerechtigkeit zu bitten. Dieser bestimmt zunächst das Verhältnis von Wahrheit, Rechtheit (immer die mit dem Verstande allein erkennbare [s. auch K. 13]) und Gerechtigkeit zueinander: sie definieren sich gegenseitig. Wer eine kennt, kennt die anderen. Das gilt natürlich nur so weit, als der Genusbegriff der Rechtheit (s. K. 13) in Betracht gezogen wird. Die darunter stehenden Species Wahrheit und Gerechtigkeit differieren dagegen stark voneinander.

Gegenüber dem Begriff der Wahrheit wird der der Gerechtigkeit viel enger gefaßt. Es werden eine Reihe von Bedingungen aufgezählt, die zur Gerechtigkeit notwendig sind: Man darf das Rechte nicht nur tun, sondern muß es auch wollen: es muß eine Rechtheit sein, die Lob verdient; die Rechtheit muß als solche erkannt werden, was eine vernunftbegabte Natur voraussetzt; es muß eine Rechtheit des Willens sein — im Falle der Unausführbarkeit im Werke genügt der Wille —;

die Rechtheit muß wissentlich gewollt sein; man muß wollen, daß man sie muß; man muß wollen, weil man sie muß; man muß sie um der Rechtheit selbst willen wollen. So erhalten wir die kantisch strenge Definition: „Gerechtigkeit ist Rechtheit des Willens, bewahrt um der Rechtheit selbst willen."

Eine Schwierigkeit in dieser Definition bereitet der Ausdruck „bewahrt", als ob Gerechtigkeit nur dann vorhanden wäre, wenn *wir* die Gerechtigkeit bewahren, während sie doch zuerst empfangen und gehabt sein muß [20]. Diesen Einwand löst Anselm durch die Einführung des Begriffes „wollen": nur durch Wollen haben und bewahren wir die Rechtheit. Der Natur nach ist das Empfangen zwar früher als das Haben und Bewahren — wir wollen und haben, weil wir empfangen —, aber der Zeit nach sind sie zugleich.

Für den Tatbestand der Gerechtigkeit ist der (rechte) Wille wesentlich. Dadurch unterscheidet sie sich von der Wahrheit, die auch im Stein sein kann. K. 4 sprach von der Wahrheit des Willens; aber dort ging es darum, aufzuzeigen, daß auch im Willen Rechtheit und Wahrheit sein kann, ohne auf die Beziehung zur Gerechtigkeit einzugehen. Ähnliches gilt von der Rechtheit des Handelns, die in K. 5 behandelt wurde. Aber diese umfaßte sowohl das notwendige als auch das vernünftige Handeln. Damit die Rechtheit des Handelns zur Gerechtigkeit wird, ist der Wille notwendig: „Rechtheit des Handelns heißt Gerechtigkeit, aber nur, wenn sie mit gerechtem Willen geschieht." Damit ist der spezifische Unterschied zwischen Wahrheit und Gerechtigkeit bestimmt. So verstehen wir auch, warum Anselm in der Schrift über die Wahrheit auch die Gerechtigkeit behandelt: Die Gerechtigkeit ist nur ein spezieller Fall der Wahrheit. Sie ist Rechtheit des Willens [21].

Zu Kapitel 13

Das letzte Kapitel kommt auf die am Beginn der Untersuchung gestellte Frage zurück und zeigt, daß es nur *eine* Wahrheit gibt. Der Beweis wird über die Rechtheit, die immer dieselbe ist, geführt. Zwar sind die Dinge, in denen Wahrheit ist, vielfache; aber die Rechtheit der Anzeige, die als Beispiel angeführt wird und nach der es recht ist, daß angezeigt wird, was anzuzeigen ist, bleibt dieselbe, selbst wenn die Anzeige Falsches oder gar nichts anzeigte oder wenn sie zugrunde ginge. Der Hinweis auf die Farbe, die mit dem Körper kommt und geht, ist nicht am Platze; die Rechtheit der Anzeige hat ihr Sein und ihre Veränderlichkeit nicht von der Anzeige. Die Anzeige kann auch nicht eine andere, spezielle Rechtheit haben außer derjenigen, nach der immer recht ist, daß angezeigt wird, was anzuzeigen ist. Denn wenn die erstere zugrunde ginge, bliebe immer die Rechtheit, nach der recht ist, daß angezeigt wird, was anzuzeigen ist. Ähnlich verhält es sich mit dem Willen und den anderen Sitzen der Wahrheit.

Nur uneigentlich sagt man: „die Wahrheit dieses oder jenes Dinges." Nicht in oder aus den Dingen oder durch sie hat die Wahrheit ihr Sein, sondern wenn diese sich nach der Wahrheit richten, spricht man von ihrer Wahrheit; ähnlich wie die Zeit, die nach Anselm etwas für sich Bestehendes ist (vgl. „Monologion", K. 20), nicht in den Dingen ist; vielmehr sind die Dinge in der Zeit. Wie die Zeit allen Dingen gegenwärtig ist, so ist auch die *eine* Wahrheit „allem, was ist, wie es sein soll, immer gegenwärtig[22]".

So lautet der Schlußsatz, daß die höchste, durch sich bestehende Wahrheit keinem Dinge angehöre, sondern wenn etwas ihr gemäß sei, dann werde es dessen Wahrheit oder Rechtheit genannt. Damit wird klar gesagt, daß für Anselm die *eine* Wahrheit mit der höchsten, subsistenten Wahrheit identisch ist. Gott ist die *eine* Wahrheit und Ursache aller Wahrheit. Wenn (in K. 10) die Existenz der Dinge als Ursache der Wahrheit des Denkens und Redens bezeichnet wird, so

ist dies nur eine intermediäre Ursache: wenige Zeilen später heißt es, daß die höchste Wahrheit die „erste Ursache" der Wahrheit der Rede sei.

Begriffsrealismus?

Wenn die Rechtheit oder Wahrheit auch ohne Subjekt sein kann und unabhängig von den Dingen ist: wird sie dann nicht hypostasiert[23]? Haben wir es dann bei Anselm nicht mit einem Begriffsrealismus zu tun[24]? Dieser Einwand ist u. E. nicht berechtigt. Denn es wird ja nicht der logische Begriff der Wahrheit (Rechtheit) realistisch zu etwas für sich Bestehenden gemacht, sondern es wird nach der letzten Ursache der einzelnen Formen der Wahrheit, die sich in den real existierenden Dingen finden, gesucht. Die Wahrheit ist für Anselm identisch mit der höchsten Wahrheit, die etwas Reales ist, für deren Existenz sich Anselm auf den Glauben beruft (und die er bereits im „Monologion" mit der Vernunft bewiesen hatte). Der letzte Satz des Dialoges, den wir zitierten, zeigt es deutlich: Unter der für sich bestehenden Wahrheit wird da Gott verstanden. Wollte man bei Anselm *daneben* eine selbständige, subsistierende Wahrheit annehmen, hätten wir zwei solcher Wahrheiten, was gegen Anselms These verstößt.

Gott als die höchste Wahrheit steht am Beginn und am Schluß der Untersuchung, und ein eigenes Kapitel (10) handelt von ihr. Es ist verfehlt, von einem „Aufstieg der Wahrheit als logischer Begriff" „unmittelbar zur höchsten, substantialen Wahrheit, zur Wahrheit als objektiver Realität" (Fischer S. 58) zu sprechen. Nirgends findet sich ein solcher „Aufstieg" platonischer Art. Ebensowenig kann von einem „sprunghaften Übergang von der logischen in die ontologische Ordnung, von der Wahrheit als logischer Begriff zur substantialen persönlichen summa veritas" (ebendort S. 42) die Rede sein. Denn nirgends wird nach der höchsten Wahrheit gesucht, sondern im Gegenteil

ist die Existenz der höchsten Wahrheit der Ausgangspunkt der Untersuchung. Desgleichen geht es nicht an zu sagen: „... getragen von den Schwingen seines kontemplativen Genies, steigt er (Anselm) auf zur höchsten, substantialen Wahrheit ... jedoch, seiner realistischen Anschauungsweise gemäß ohne kausale Begründung eines solchen Übergangs" (S. 58). In K. 10 spricht Anselm ausdrücklich von der „höchsten Ursache" und der „ersten Ursache" der Wahrheit. Zudem stellt er dort eine ganze Skala von Ursächlichkeiten, primärer und sekundärer Art, auf [25].

Es drängt sich hier ein Vergleich mit den „Gottesbeweisen" in den vier ersten Kapiteln des „Monologion" auf. Dort ging Anselm von der Erfahrungstatsache aus, daß es viele verschiedene Güter gibt. Er fragt nun nicht, *ob* es für diese real existierenden Güter eine Ursache gibt — das setzt er als selbstverständlich voraus —, sondern ob es *eine* oder mehrere Ursachen sind, um von der Einheit der Ursache aus auf das Durchsichsein und von da auf das Wesen Gottes als des Höchsten von allem, was ist, zu schließen (so daß die „Gottesbeweise" im „Monologion" keine solche im gängigen Sinne sind). Auch in „De veritate" geht Anselm von der doppelten Tatsache aus, daß Gott die Wahrheit ist und daß wir vielen anderen Dingen Wahrheit zuschreiben. Die Schrift ist nicht die Antwort auf die Frage, *ob* es Wahrheit gibt[26], sondern sie gilt dem Nachweis, daß es nur *eine* Wahrheit gibt, um von da aus das Wesen der Wahrheit zu bestimmen. So ist „De veritate" eine Fortführung des „Monologion". Dort wurde die Grundlage gelegt: es gibt ein Höchstes, eine höchste Wahrheit; hier wird gezeigt, daß diese höchste Wahrheit im letzten Grunde die einzige Wahrheit ist, die es gibt.

Die Rechtheit

Die Rechtheit als Wesensbestimmung der Wahrheit (und Gerechtigkeit) ist für Anselm charakteristisch und ist ihm eigentümlich. Wahr-

heit und Rechtheit besagen nur zwei Worte für dieselbe Sache. Der Wahrheitsbegriff Anselms erhält damit einen teleologischen und — für die vernünftige Natur — ethischen Wesenszug. Diese Auffassung setzt die Idee einer Weltordnung voraus, in der jedes Ding seine vom Schöpfer bestimmte Aufgabe hat [27]. Wenn es diese erfüllt, sei es naturhaft oder aus freien Stücken, ist es recht und wahr.

Die Rechtheit ist das Genus, das die Wahrheit und Gerechtigkeit als Species unter sich hat [28]. Während die Gerechtigkeit ihren Sitz im Willen hat, insofern dieser „will, was er muß, und deshalb, weil er muß" (K. 12), hat die Wahrheit nach Anselm — wenn man von der Wahrheit des Denkens absieht — ihren Sitz nicht im menschlichen Erkenntnisvermögen — wie man erwarten könnte —, sondern in den Dingen: „Die Wahrheit des Wahren liegt im Wahren selbst" (K. 2) [29].

Die Wahrheit ist im Denken so gut wie in den anderen Sitzen der Wahrheit; aber eben nicht nur im Denken und Sprechen, sondern auch im Handeln, Wollen und im Wesen der Dinge. Die Beziehung zum menschlichen Intellekt ist nicht wesentlich. Wohl aber gehört die Erkennbarkeit (rectitudo perceptibilis), und zwar mit dem Verstande allein, wesentlich zur Wahrheit. Diese Erkennbarkeit liegt in den Dingen wie die Wahrheit selbst. Sie ist dadurch ermöglicht, daß die Dinge nach dem Vorbild im göttlichen Intellekt geschaffen wurden. Ihr Licht kommt vom göttlichen Licht. Gott ist die Wahrheit, daher erkennt er und wird erkannt. Nach dieser Wahrheit sind die Dinge geschaffen, sind also ein Abbild der Dinge in Gott und daher — wie jedes Bild — erkennbar.

Durch das Verlegen der Wahrheit in den Gegenstand unterscheidet sich Anselms Wahrheitsbegriff von dem üblichen, nach dem die Wahrheit Übereinstimmung zwischen menschlichem Erkennen und der Wirklichkeit ist und primär ihren Sitz im erkennenden Subjekt hat. Bei Anselm bezieht sich die Wahrheit der Dinge ausschließlich auf das göttliche Erkennen. Vielleicht sah Anselm seine Aufgabe darin, die Wahrheit — dies hohe Gut — aus der subjektiv-menschlichen Sphäre

herauszuheben und sie hineinzustellen in die ewige, absolute Wahrheit [30].

Anselm und Thomas von Aquin

Die Stellung des anselmischen Wahrheitsbegriffes in der Philosophie des Mittelalters kann am besten durch einen Vergleich mit Thomas von Aquin beleuchtet werden, der seine Wahrheitstheorie namentlich in den „Quaestiones disputatae de veritate", q. 1 (vgl. auch „Summa theologica", q. 16, a. 6), wo er auch mehrfach auf Anselm Bezug nimmt, dartut.

Bei Thomas ist Wahrheit „Übereinstimmung zwischen Ding und Verstand". Er unterscheidet in Art. 4, wo er fragt, ob es nur *eine* Wahrheit gibt, durch die alles wahr ist, 1. Wahrheit im eigentlichen Sinne und erstrangig — im göttlichen Verstande; 2. im eigentlichen Sinne und zweitrangig — im menschlichen Verstande; 3. im uneigentlichen Sinne und zweitrangig — in den Dingen, weil sie nur Bezug auf eine der beiden anderen Wahrheiten hat. Bei Anselm ist Wahrheit im eigentlichen Sinne und erstrangig im göttlichen Verstande; im eigentlichen Sinne und zweitrangig in den Dingen; das menschliche Denken ist nur eines von den Dingen, in denen Wahrheit ist, und dessen Rechtheit in der Übereinstimmung zwischen Ding und Denken besteht. Für beide ist der göttliche Verstand Ursache der Wahrheit in den Dingen; die Wahrheit des menschlichen Verstandes ist die Wirkung der Dinge.

Für die Frage nach der Einheit oder Vielheit der Wahrheit gilt für Thomas folgendes: Wenn die Wahrheit im eigentlichen Sinne genommen wird, nach der alles ursprünglich wahr ist, so gibt es nur *eine* Wahrheit: alles ist wahr im göttlichen Intellekt. So fasse es Anselm auf, bemerkt er. Wird aber die Wahrheit zwar im eigentlichen Sinne, aber zweitrangig genommen, also im menschlichen Intellekt, so gibt es von den vielen Dingen in den verschiedenen Seelen viele Wahr-

heiten. Nimmt man aber die Wahrheit im uneigentlichen Sinne, nach der alles wahr genannt wird, so gibt es von den vielen Dingen viele Wahrheiten; aber von *einem* Ding gibt es nur *eine* Wahrheit.

Das teleologisch-ethische Moment des anselmischen Wahrheitsbegriffes fehlt bei Thomas vollständig.

Der lateinische Originaltext ist meiner Ausgabe der Opera omnia des hl. Anselm, Bd. I (Seckau 1938; Edinburgh 1946), S. 169—199, entnommen; er wurde bisher nicht gesondert herausgegeben. Auch eine vollständige Übersetzung ins Deutsche fehlte bisher; R. Allers, *Anselm von Canterbury* (1936), bringt nur den größeren Teil in freier Wiedergabe.

Im Gegensatz zu den romanischen Sprachen bietet die Übersetzung ins Deutsche manche Schwierigkeiten. So hat der Grundbegriff rectitudo keinen adäquaten Ausdruck im Deutschen (das Französische hat rectitude, das Italienische rettitudine). Doch scheint mir das auch von anderen Autoren gebrauchte Wort „Rechtheit" am ehesten allen Bedeutungen, in denen es Anselm gebraucht, gerecht zu werden [31], wenn man von der rectitudo einer Rute (in K. 11) absieht, wo wir „Geradheit" sagen.

Für significatio und significare (französisch signification, signifier; italienisch significazione, significare) scheint mir „Anzeige", „anzeigen" am besten allen Anforderungen zu genügen.

ANMERKUNGEN ZUR EINFÜHRUNG

1 Eine Abschrift, die die Reihenfolge zwar nicht umstößt, in der aber das Werk „Vom Fall des Teufels" noch nicht vertreten ist, ist uns im Cod. *Rawlinson* A 392 der Bodleiana zu Oxford erhalten. Wir verdanken ihr kostbare Aufschlüsse über die literarischen Pläne Anselms, die schon damals auf die Frage der Übereinstimmung von Gnade, Vorherwissen und Vorherbestimmung mit dem freien Willen gingen. Erst in seinem letzten Werke kamen sie zur Ausführung. Näheres dazu s. Schmitt F. S., *Zur Chronologie der Werke des hl. Anselm von Canterbury*, in Revue Bénédictine 44 (1932), 322 ff.
2 Am a. O.
3 E. Gilson (*Der hl. Augustin* [1930], S. 441 f.) meint sogar: „Nicht in seinem ‚Proslogion', vielmehr in ‚De veritate' rührt Anselm an die geheime Pforte, hinter der Gott wohnt."
4 Am bedeutendsten hierfür sind die frühen „Soliloquia". Darin gibt er (II, 5 *[Migne, Patrologia Latina* 32, 888]) eine Definition des Wahren, aber nicht der Wahrheit.
5 Für sein Hauptwerk „Cur Deus homo" (Warum Gott Mensch geworden) vgl. Schmitt, F. S., *Die wissenschaftliche Methode in Anselms „Cur Deus homo"*; in Spicilegium Beccense I (1959), S. 349—370.
6 Der volle Titel des Werkes lautet: „Wie der Grammatiker Substanz und Qualität ist."
7 Dieser vielfach verkannte Dialog wurde jetzt durch das Buch von Desmond Henry P., *The De Grammatico of St. Anselm, the theory of paronymy*, University of Notre Dame Press 1964, auch mit Hilfe der Logistik, dem vollen Verständnis erschlossen.
8 Anselm selbst macht freilich nicht diese Unterscheidungen. Er stellt vielmehr alles unter den Begriff der „Rechtheit".
9 Der Terminus „Anzeige" (significatio) spielt bereits in „De grammatico" (n. 17) eine Rolle: die Worte zeigen die Dinge an, wie mit Berufung auf Aristoteles betont wird.
10 Der Unterschied zwischen recht handeln und recht wollen besteht darin, daß recht handeln auch ohne recht wollen geschehen kann, wie beim vernunftlosen Geschöpf. Das recht Wollen wird als Gerechtigkeit in K. 12 behandelt werden.
11 Anselm spricht hier von „Beispiel, oder angemessener Form oder Ähnlichkeit oder Regel". Das Wort „Idee" gebraucht Anselm nie.
12 Das Gegenteil der Wahrheit, das im Dialog weniger berücksichtigt wird, ist also nicht nur Lüge und Irrtum, sondern auch das Nichtsein.
13 Zu diesem Kapitel vgl. J. Pieper, *Die Wahrheit der Dinge* (1947).

14 Siehe F. S. Schmitt, *Ein neues, unvollendetes Werk des hl. Anselm; Beiträge zur Geschichte der Philosophie und Theologie des Mittelalters* XXXX, 3 (1936).
15 Vgl. K. 6 des „Monologion", wo das Durchsich- und Aussichsein der höchsten Natur nur mit dem Beispiel vom Lichte, das durch sich und aus sich leuchtet, nahegebracht wird.
16 Wir verweisen auf K. 2, in dem die ausgesagte Sache (= Ding) als Ursache der Aussage bezeichnet wurde.
16a Die Quelle für Anselms Ursachenkatalog sind die Topica des Cicero. Der Kommentar des Boethius dazu, der die 4 aristotelischen Ursachen gegenüberstellt, stand Anselm nicht zur Verfügung.
17 Im „Monologion" hatte Anselm immer das Verbum „cogitare" gebraucht; in „De veritate" aber immer „intelligere"; beide Male in derselben Bedeutung. Das zeigt, daß man die beiden Wörter nicht zu scharf voneinander unterscheiden darf (Vgl. P. Michaud-Quantin, *Notes sur le vocabulaire psychologique de s. Anselme;* in *Spicilegium Beccense* I [1959], S. 23 ff.).
18 In K. 9 setzt Anselm den irrealen Fall: „... wenn du seinen (d. h. eines anderen) Willen und sein Denken sähest...".
19 Das sola mente hat nicht die weite Bedeutung, die ihr Flasch (S. 332 ff.) zumißt. Wenn auch der Ausdruck in der Definition steht, so zeigt doch der ganze Dialog, daß die Wahrheit selbst keine wesentliche Beziehung zum menschlichen Intellekt hat (darüber später mehr).
20 Die theologische Begründung für das Wort „bewahren" in der Definition gibt Anselm in dem Dialog „Von der Freiheit des Willens": Der Mensch wurde mit der Rechtheit des Willens erschaffen. Er hatte die Aufgabe, diese Rechtheit zu bewahren. Wenn er sie verlor, konnte er sie nicht von sich aus wiedererlangen, sondern bedurfte dazu einer besonderen Gnade.
21 Ausführlicher kommt Anselm auf die Rechtheit des Willens in seinem bereits erwähnten Werke „Über die Übereinstimmung des Vorherwissens und der Vorherbestimmung und der Gnade Gottes mit dem freien Willen" zu sprechen. — Über das Fortleben des anselmischen Gerechtigkeitsbegriffes s. A. Landgraf, *Dogmengeschichte der Frühscholastik* I, 1 (1951), 43—50.
22 Neben der Ewigkeit und Einheit der höchsten Wahrheit haben wir hier eine andere Wesenseigenschaft: die Allgegenwart.
23 So J. Fischer, *Die Erkenntnislehre Anselms von Canterbury; Beiträge zur Geschichte der Philosophie des Mittelalters* X, 3 (1911), S. 59; im Anschluß an Cl. Baeumker, *Witelo;* daselbst III, 2 (1908), S. 290 ff.
24 Fischer, a.a.O. S. 43.
25 Übrigens sind heute nicht mehr alle von dem anselmischen Realismus überzeugt,

der ohne weiteres angenommen wird. Wir verweisen auf D. P. Henry, *War Anselm wirklich ein Realist?* in *Ratio* 5, S. 160—167.
26 Es ist also nicht korrekt, wenn M. Grabmann (Geschichte der scholastischen Methode I [1909], 320) schreibt: „Die augustinischen Einflüsse treten uns besonders in dem auch im ‚Monologium' ausgeführten Schluß vom Bestehen von Wahrheiten auf die Existenz Gottes als der höchsten Wahrheit an sich (summa veritas per se existens) entgegen."
27 Die teleologische Ausrichtung der anselmischen Weltanschauung hat Fischer, a.a.O. S. 56 und 63 f. gut hervorgehoben.
28 Die Freiheit des Willens wird Anselm im nächsten Dialog als „Vermögen, die Rechtheit des Willens um der Rechtheit willen" definieren.
29 J. Pieper, *„Wahrheit der Dinge* (1948), S. 69—71, wirft auch dem hl. Augustin vor, daß in dessen Wahrheitsbegriff der Bezug auf den erkennenden Geist fehle.
30 Dem Begriff der Rechtheit widmen besondere Aufmerksamkeit die genannten Arbeiten von Wiedmann und Pouchet; außerdem G. Söhngen, *Grundfragen einer Rechtstheologie* (1962), S. 48—58.
31 Allers hat „Richtigkeit", was jedoch den bei Anselm gemeinten ethischen Charakter des Wortes rectitudo nicht genügend zum Ausdruck bringt.

DE VERITATE

ÜBER DIE WAHRHEIT

PRAEFATIO

Tres tractatus pertinentes ad studium sacrae scripturae quondam feci diversis temporibus, consimiles in hoc, quia facti sunt per interrogationem et responsionem, et persona interrogantis nomine notatur *discipuli*, respondentis vero nomine *magistri*. Quartum enim, quem simili modo edidi, non inutilem, ut puto, introducendis ad dialecticam, cuius initium est *De grammatico*: quoniam ad diversum ab his tribus studium pertinet, istis nolo conumerare.

Unus horum trium est *De veritate*: quid scilicet sit veritas, et in quibus rebus soleat dici; et quid sit iustitia. Alius vero *De libertate arbitrii*: quid sit, et utrum eam semper habeat homo, et quot sint eius diversitates in habendo vel non habendo rectitudinem voluntatis, ad quam servandam est data creaturae rationali. In quo naturalem tantum fortitudinem voluntatis ad servandam acceptam rectitudinem, non quomodo necessarium ad hoc ipsum illi sit, ut gratia subsequatur, ostendi. Tertius autem est de quaestione, qua quaeritur, quid peccavit diabolus, quia *non stetit in veritate,* cum Deus non dederit ei perseverantiam, quam nisi eo dante habere non potuit; quoniam si Deus dedisset, ille habuisset, sicut boni angeli illam habuerunt, quia Deus illis dedit. Quem tractatum, quamvis ibi de confirmatione bonorum angelorum dixerim, *De casu diaboli* titulavi: quoniam illud | contingens fuit, quod dixi de bonis angelis, quod autem scripsi de malis, ex proposito fuit quaestionis.

Qui videlicet tractatus quamvis nulla continuatione dictaminis cohaereant, materia tamen eorum et similitudo disputationis exigit, ut simul eo, quo illos commemoravi,

VORWORT

Einst — zu verschiedenen Zeiten — verfaßte ich drei Abhandlungen, die zum Studium der Hl. Schrift gehören, darin (einander) ähnlich, daß sie durch Frage und Antwort verfaßt sind und die Person des Fragenden mit dem Namen „Schüler", die des Antwortenden mit dem Namen „Lehrer" bezeichnet wird. Eine vierte nämlich, die ich auf ähnliche Weise herausgegeben habe — nicht unnütz, wie ich glaube, für solche, die in die Dialektik eingeführt werden sollen —, deren Beginn ist „Über den Grammatiker", will ich nicht zu diesen zählen, weil sie zu einem Wissenszweig gehört, der von diesen dreien verschieden ist.

Eine von den dreien ist „Über die Wahrheit": was nämlich die Wahrheit ist und in welchen Dingen sie ausgesagt zu werden pflegt und was die Gerechtigkeit ist. Eine zweite aber „Über die Freiheit des Willens": was sie ist und ob sie der Mensch immer hat und wieviele verschiedene Arten es gibt im Besitzen oder Nichtbesitzen der Rechtheit des Willens, zu deren Bewahrung sie dem vernunftbegabten Geschöpfe gegeben wurde. In ihr habe ich nur die natürliche Stärke des Willens zur Bewahrung der empfangenen Rechtheit aufgezeigt, nicht inwiefern ihm dazu notwendig ist, daß die Gnade folge. Die dritte aber handelt über die Frage, was der Teufel gesündigt habe, daß er „nicht in der Wahrheit beharrte", da (doch) Gott ihm nicht die Beharrlichkeit gab, die er nur haben konnte, wenn er sie gab; denn wenn Gott (sie) gegeben hätte, hätte er (sie) gehabt, so wie die guten Engel sie hatten, weil Gott (sie) ihnen gegeben hat. Diese Abhandlung habe ich, obwohl ich dort von der Befestigung der guten Engel gesprochen habe, „vom Fall des Teufels" überschrieben, weil das, was ich über die guten Engel sagte, von ungefähr war; das aber, was ich über die bösen schrieb, zum Thema der Untersuchung gehörte.

Obwohl nun diese Abhandlungen nicht durch fortlaufenden Text zusammenhängen, erfordert doch ihr Stoff und die Ähnlichkeit der Erörterung, daß sie auf einmal (und) in der Reihenfolge, in der ich

ordine conscribantur. Licet itaque a quibusdam festinantibus alio sint ordine transcripti, antequam perfecti essent, sic tamen eos, ut hic posui, volo ordinari.

CAPITULA

I. Quod veritas non habeat principium vel finem.
II. De significationis veritate et de duabus veritatibus enuntiationis.
III. De opinionis veritate.
IV. De voluntatis veritate.
V. De actionis naturalis et non naturalis veritate.

VI. De sensuum veritate.
VII. De veritate essentiae rerum.
VIII. De diversis intellectibus *debere* et *non debere, posse* et *non posse*.
IX. Quod omnis actio significet verum aut falsum.
X. De summa veritate.
XI. De definitione veritatis.
XII. De iustitiae definitione.
XIII. Quod una sit veritas in omnibus veris.

sie genannt habe, geschrieben werden. Wenn sie also auch von einigen in Eile in anderer Reihenfolge abgeschrieben wurden, bevor sie vollendet waren, so will ich doch, daß sie so, wie ich (sie) hier festgelegt habe, angeordnet werden.

DIE KAPITEL

1. Daß die Wahrheit nicht Anfang oder Ende hat.
2. Von der Wahrheit der Anzeige und von den beiden Wahrheiten der Aussage.
3. Von der Wahrheit des Denkens.
4. Von der Wahrheit des Willens.
5. Von der Wahrheit des naturhaften und nicht naturhaften Handelns.
6. Von der Wahrheit der Sinne.
7. Von der Wahrheit des Wesens der Dinge.
8. Von dem verschiedenen Sinn von „müssen" und „nichtmüssen", „können" und „nichtkönnen".
9. Daß jede Handlung Wahres oder Falsches anzeigt.
10. Von der höchsten Wahrheit.
11. Von der Definition der Wahrheit.
12. Von der Definition der Gerechtigkeit.
13. Daß *eine* Wahrheit in allem Wahren ist.

CAPITULUM I

Quod veritas non habeat principium vel finem

DISCIPULUS. Quoniam Deum veritatem esse credimus, et veritatem in multis aliis dicimus esse, vellem scire, an ubicumque veritas dicitur, Deum eam esse fateri debeamus. Nam tu quoque in *Monologio* tuo per veritatem orationis probas summam veritatem non habere principium vel finem, dicens:

‚Cogitet qui potest, quando incepit aut quando non fuit hoc verum: scilicet quia futurum erat aliquid; aut quando desinet et non erit hoc verum: videlicet quia praeteritum erit aliquid. Quodsi neutrum horum cogitari potest, et utrumque hoc verum sine veritate esse non potest: impossibile est vel cogitare quod veritas principium aut finem habeat.

Denique si veritas habuit principium aut habebit finem: antequam ipsa inciperet, verum erat tunc quia non erat veritas; et postquam finita erit, verum erit tunc quia non erit veritas. Atqui verum non potest esse sine veritate. Erat igitur veritas, antequam esset veritas; et erit veritas, postquam finita erit veritas; quod inconvenientissimum est. Sive igitur dicatur veritas habere, sive intelligatur non habere principium vel finem: nullo claudi potest veritas principio vel fine.'

Haec tu in *Monologio* tuo. Quapropter veritatis definitionem a te discere exspecto.

MAGISTER. Non memini me invenisse definitionem veritatis; sed si | vis quaeramus per rerum diversitates, in quibus veritatem dicimus esse, quid sit veritas.

1. KAPITEL

Daß die Wahrheit nicht Anfang oder Ende hat

Schüler: Weil wir glauben, daß Gott die Wahrheit ist und wir sagen, daß Wahrheit in vielem anderen ist, möchte ich wissen, ob wir, wo immer von Wahrheit gesprochen wird, sagen müssen, daß sie Gott sei. Denn auch du beweist in deinem *Monologion* mittels der Wahrheit der Rede, daß die höchste Wahrheit nicht Anfang oder Ende habe, wenn du sagst:

„Es denke, wer es vermag, wann begonnen hat oder wann das nicht wahr war, nämlich daß etwas zukünftig war; oder wann aufhören wird und das nicht wahr sein wird, nämlich daß etwas vergangen sein wird. Wenn nun keines von diesen beiden gedacht werden kann und beides ohne Wahrheit nicht wahr sein kann, so ist es unmöglich auch nur zu denken, daß die Wahrheit einen Anfang oder ein Ende habe.

Schließlich, wenn die Wahrheit einen Anfang gehabt hat oder ein Ende haben wird, so war damals, bevor sie begann, wahr, daß keine Wahrheit war; und nachdem sie beendet sein wird, wird dann wahr sein, daß keine Wahrheit sein wird. Wahres kann aber nicht ohne Wahrheit sein. Es gab also Wahrheit, bevor die Wahrheit war; und es wird Wahrheit geben, nachdem die Wahrheit beendet sein wird; was ganz ungereimt ist. Ob also behauptet wird, die Wahrheit habe Anfang und Ende, oder ob eingesehen wird, daß sie diese nicht hat: die Wahrheit kann durch einen Anfang oder ein Ende nicht eingeschlossen werden."

So du in deinem „Monologion". Deshalb erwarte ich von dir eine Definition der Wahrheit zu erfahren.

Lehrer: Ich erinnere mich nicht, eine Definition der Wahrheit gefunden zu haben; aber wenn du willst, wollen wir an Hand der verschiedenen Dinge, in welchen, wie wir sagen, Wahrheit ist, fragen, was die Wahrheit ist.

D. Si aliud non potero, vel audiendo adiuvabo.

CAPITULUM II

Di significationis veritate et de duabus veritatibus enuntiationis

M. Quaeramus ergo primum, quid sit veritas in enuntiatione, quoniam hanc saepius dicimus veram vel falsam.

D. Quaere tu, et quidquid inveneris ego servabo.

M. Quando est enuntiatio vera?

D. Quando est quod enuntiat, sive affirmando sive negando. Dico enim quod enuntiat, etiam quando negat esse quod non est; quia sic enuntiat quemadmodum res est.

M. An ergo tibi videtur quod res enuntiata sit veritas enuntiationis?

D. Non.

M. Quare?

D. Quia nihil est verum nisi participando veritatem; et ideo veri veritas in ipso vero est, res vero enuntiata non est in enuntiatione vera. Unde non eius veritas, sed causa veritatis eius dicenda est. Quapropter non nisi in ipsa oratione quaerenda mihi videtur eius veritas.

M. Vide ergo, an ipsa oratio aut eius significatio aut aliquid eorum, quae sunt in definitione enuntiationis, sit quod quaeris.

D. Non puto.

M. Quare?

D. Quia si hoc esset, semper esset vera, quoniam eadem manent omnia, quae sunt in enuntiationis definitione, et

Sch. Wenn ich nichts anderes kann, will ich wenigstens durch Zuhören helfen.

2. KAPITEL

Von der Wahrheit der Anzeige und von den beiden Wahrheiten der Aussage

L. Wir wollen also zuerst fragen, was die Wahrheit in der Aussage ist, weil wir von ihr häufiger sagen, sie sei wahr oder falsch.

Sch. Frage du, und was immer du findest, will ich bewahren.

L. Wann ist eine Aussage wahr?

Sch. Wenn ist, was sie aussagt, sei es bejahend. sei es verneinend. Ich sage nämlich, was sie aussagt, auch wenn sie leugnet, daß ist, was nicht ist; weil sie auf diese Weise aussagt, wie die Sache ist.

L. Scheint dir also, daß die ausgesagte Sache die Wahrheit der Aussage ist?

Sch. Nein.

L. Warum?

Sch. Weil nichts wahr ist außer durch Teilnahme an der Wahrheit; und deshalb ist die Wahrheit des Wahren im Wahren selbst, die ausgesagte Sache aber ist nicht in der wahren Aussage. Daher ist sie nicht ihre Wahrheit, sondern die Ursache ihrer Wahrheit zu nennen. Deshalb scheint mir, daß ihre Wahrheit nur in der Rede selbst zu suchen sei.

L. Sieh also zu, ob die Rede selbst oder ihre Anzeige oder etwas von dem, was in der Definition der Aussage liegt, ist, was du suchst.

Sch. Ich glaube nicht.

L. Warum?

Sch. Weil sie, wenn das der Fall wäre, immer wahr wäre, denn es bleibt alles in der Definition der Aussage dasselbe, sowohl wenn ist,

cum est quod enuntiat, et cum non est. Eadem enim est oratio et eadem significatio et cetera similiter.

M. Quid igitur tibi videtur ibi veritas?

D. Nihil aliud scio nisi quia, cum significat esse quod est, tunc est in ea veritas et est vera.

M. Ad quid facta est affirmatio?

D. Ad significandum esse quod est.

M. Hoc ergo debet.

D. Certum est.

M. Cum ergo significat esse quod est, significat quod debet.

D. Palam est.

M. At cum significat quod debet, recte significat.

D. Ita est.

M. Cum autem recte significat, recta est significatio.

D. Non est dubium.

M. Cum ergo significat esse quod est, recta est significatio.

D. Ita sequitur.

M. Item cum significat esse quod est, vera est significatio.

D. Vere et recta et vera est, cum significat esse quod est.

M. Idem igitur est illi et rectam et veram esse, id est significare esse quod est.

D. Vere idem.

M. Ergo non est illi aliud veritas quam rectitudo.

D. Aperte nunc video veritatem hanc esse rectitudinem.

M. Similiter est, cum enuntiatio significat non esse quod non est.

D. Video quod dicis. Sed doce me quid respondere possim, si quis dicat quia, etiam cum oratio significat esse quod non est, significat quod debet. Pariter namque accepit significare esse, et quod est et quod non est. Nam si

was sie aussagt, als wenn es nicht ist. Die Rede ist nämlich dieselbe, die Anzeige dieselbe und das übrige ähnlich.

L. Was also dünkt dir dort die Wahrheit?

Sch. Nichts anderes als: wenn sie (die Rede) anzeigt, was ist, dann ist in ihr Wahrheit und ist sie wahr.

L. Wozu ist die Bejahung geschaffen?

Sch. Anzuzeigen, daß ist, was ist.

L. Das also muß sie.

Sch. Das ist gewiß.

L. Wenn sie also anzeigt, daß ist, was ist, zeigt sie an, was sie muß.

Sch. Das ist offensichtlich.

L. Wenn sie aber anzeigt, was sie muß, zeigt sie recht an.

Sch. So ist es.

L. Wenn sie aber recht anzeigt, ist die Anzeige recht.

Sch. Das ist nicht zweifelhaft.

L. Wenn sie also anzeigt, daß ist, was ist, ist die Anzeige recht.

Sch. So folgt.

L. Desgleichen, wenn sie anzeigt, daß ist, was ist, ist die Anzeige wahr.

Sch. Wahrhaftig ist sie recht und ist wahr, wenn sie anzeigt, daß ist, was ist.

L. Dasselbe ist für sie recht und wahr sein, das heißt anzeigen, daß ist, was ist.

Sch. Wahrhaftig dasselbe.

L. Also ist für sie die Wahrheit nichts anderes als die Rechtheit.

Sch. Offen sehe ich jetzt, daß die Wahrheit diese Rechtheit ist.

L. Ähnlich ist es, wenn die Aussage anzeigt, daß nicht ist, was nicht ist.

Sch. Ich sehe, was du sagst. Aber lehre mich, was ich antworten kann, wenn jemand sagt, daß, auch wenn die Rede anzeigt, daß ist, was nicht ist, sie anzeigt, was sie muß. Denn in gleicher Weise hat sie empfangen anzuzeigen, daß ist sowohl was ist, als auch was nicht ist. Wenn sie nämlich nicht empfangen hätte anzuzeigen, daß ist, auch

non accepisset significare esse etiam quod non est, non id significaret. Quare etiam cum significat esse quod non est, significat quod debet. At si quod debet significando, recta et vera est, sicut ostendisti: vera est oratio, etiam cum enuntiat esse quod non est.

Op. omnia p. 179

M. Vera quidem non solet dici, cum significat esse quod non est; veritatem tamen et rectitudinem habet, quia facit quod debet. Sed cum significat esse quod est, dupliciter facit quod debet; quoniam significat et quod accepit significare, et ad quod facta est. Sed secundum hanc rectitudinem et veritatem, qua significat esse quod est, usu recta et vera dicitur enuntiatio; non secundum illam, qua significat esse etiam quod non est. Plus enim debet propter quod accepit significationem, quam propter quod non accepit. Non enim accepit significare esse rem, cum non est, vel non esse, cum est, nisi quia non potuit illi dari tunc solummodo significare esse, quando est, vel non esse, quando non est.

Alia igitur est rectitudo et veritas enuntiationis, quia significat ad quod significandum facta est; alia vero, quia significat quod accepit significare. Quippe ista immutabilis est ipsi orationi, illa vero mutabilis. Hanc namque semper habet, illam vero non semper. Istam enim naturaliter habet, illam vero accidentaliter et secundum usum. Nam cum dico: ‚dies est', ad significandum esse quod est, recte utor huius orationis significatione, quia ad hoc facta est; et ideo tunc recte dicitur significare. Cum vero eadem oratione significo esse quod non est, non ea recte utor, quia non ad hoc facta est; et idcirco non recta tunc eius significatio dicitur. Quamvis in quibusdam enuntiationibus inseparabiles sint istae duae rectitudines seu veritates; ut cum dicimus: ‚homo animal est', aut: ‚homo lapis non est'. Semper enim haec affirmatio significat esse quod est, et

was nicht ist, würde sie dies nicht anzeigen. Deshalb zeigt sie, auch wenn sie anzeigt, daß ist, was nicht ist, das an, was sie muß. Aber wenn sie im Anzeigen dessen, was sie muß, recht und wahr ist, wie du gezeigt hast, ist die Rede wahr, auch wenn sie aussagt, daß ist, was nicht ist.

L. Wahr pflegt sie zwar nicht genannt zu werden, wenn sie anzeigt, daß ist, was nicht ist; sie hat jedoch Wahrheit und Rechtheit, weil sie tut, was sie muß. Wenn sie aber anzeigt, daß ist, was ist, tut sie doppelt, was sie muß; weil sie anzeigt sowohl was sie anzuzeigen empfangen hat, als auch, wozu sie gemacht ist. Aber gemäß dieser Rechtheit und Wahrheit, mit der sie anzeigt, daß ist, was ist, wird sie im (Sprach)gebrauch eine rechte und wahre Aussage genannt; nicht gemäß jener, mit der sie anzeigt, daß auch ist, was nicht ist. Denn mehr schuldet sie, um dessentwillen sie die Anzeige empfangen hat, als um dessentwillen sie sie nicht empfangen hat. Denn sie hat nicht empfangen anzuzeigen, daß ein Ding ist, wenn es nicht ist, oder daß es nicht ist, wenn es ist, außer weil ihr nicht gegeben werden konnte, nur dann anzuzeigen, daß ist, wenn es ist, oder daß nicht ist, wenn es nicht ist.

Eine andere ist also die Rechtheit und Wahrheit der Aussage, weil sie anzeigt, was anzuzeigen sie geschaffen ist; eine andere hingegen, weil sie anzeigt, was anzuzeigen sie empfangen hat. Denn diese ist der Rede selbst unveränderlich, jene dagegen veränderlich. Diese nämlich hat sie immer, jene dagegen nicht immer. Denn diese hat sie von Natur, jene aber zufällig und nach dem (Sprach)gebrauch. Denn wenn ich sage: „es ist Tag", um anzuzeigen, daß ist, was ist, gebrauche ich die Anzeige dieser Rede recht, weil sie dazu geschaffen ist; und deshalb sagt man dann, daß sie recht anzeige. Wenn ich aber mit derselben Rede anzeige, daß ist, was nicht ist, gebrauche ich sie nicht recht, weil sie nicht dazu geschaffen ist; und deshalb sagt man dann, daß ihre Anzeige nicht recht ist. Obwohl in manchen Aussagen diese beiden Rechtheiten oder Wahrheiten untrennbar sind; so wenn wir sagen: „der Mensch ist ein Lebewesen", oder: „der Mensch ist kein Stein". Denn stets zeigt diese Bejahung an, daß ist, was ist, und diese Ver-

haec negatio non esse quod non est; nec illa possumus uti ad significandum esse quod non est — semper enim homo animal est —, nec ista ad significandum non esse quod est, quia homo numquam lapis est.

De illa igitur veritate, quam habet oratio secundum quod aliquis ea recte utitur, incepimus quaerere, quoniam secundum hanc veram eam iudicat usus communis locutionis. De illa autem veritate, quam non habere non potest, postea dicemus.

D. Redi igitur ad id quod incepisti, quoniam sufficienter mihi inter duas veritates orationis discrevisti; si tamen aliquam eam veritatem ostenderis habere, cum mentitur, sicut dicis.

M. De veritate significationis, de qua incepimus, interim ista sufficiant. | Eadem enim ratio veritatis, quam in propositione vocis perspeximus, consideranda est in omnibus signis, quae fiunt ad significandum aliquid esse vel non esse, ut sunt scripturae vel loquela digitorum.

D. Ergo transi ad alia.

CAPITULUM III

De opinionis veritate

M. Cogitationem quoque dicimus veram, cum est, quod aut ratione aut aliquo modo putamus esse; et falsam, cum non est.

D. Ita habet usus.

M. Quid ergo tibi videtur veritas in cogitatione?

D. Secundum rationem, quam de propositione vidimus, nihil rectius dicitur veritas cogitationis quam rectitudo

neinung, daß nicht ist, was nicht ist; und wir können jene nicht gebrauchen, um anzuzeigen, daß ist, was nicht ist — denn immer ist der Mensch ein Lebewesen —, noch diese, um anzuzeigen, daß nicht ist, was ist, weil der Mensch niemals ein Stein ist.

Über jene Wahrheit also, welche die Rede hat, soweit einer sie recht gebraucht, haben wir begonnen zu forschen, weil nach ihr der allgemeine Sprachgebrauch sie für wahr hält. Über jene Wahrheit aber, die sie nicht haben kann, werden wir nachher (*in K. 5*) sprechen.

Sch. Kehre also zurück zu dem, mit dem du begonnen hast, weil du mir zur Genüge zwischen den beiden Wahrheiten der Rede unterschieden hast; es sei denn, du zeigst mir, daß sie eine gewisse Wahrheit hat, wenn sie lügt, wie du sagst.

L. Über die Wahrheit der Anzeige, mit der wir begonnen haben, möge dies inzwischen genügen. Denn derselbe Begriff von Wahrheit, den wir im gesprochenen Wort durchschaut haben, ist zu erwägen bei allen Zeichen, die gemacht werden, um anzuzeigen, daß etwas ist oder nicht ist, wie es die Schriftzeichen oder die Fingersprache sind.

Sch. So gehe also zu anderem über.

3. KAPITEL

Von der Wahrheit des Denkens

L. Auch das Denken nennen wir wahr, wenn ist, was wir entweder mit der Vernunft oder auf irgendeine (andere) Weise meinen, daß es ist; und falsch, wenn es nicht ist.

Sch. So hält es der (Sprach)gebrauch.

L. Was dünkt dir also die Wahrheit im Denken?

Sch. Gemäß der Begründung, die wir von der Aussage sahen, wird die Wahrheit des Denkens nichts richtiger genannt als seine Rechtheit.

eius. Ad hoc namque nobis datum est posse cogitare esse vel non esse aliquid, ut cogitemus esse quod est, et non esse quod non est. Quapropter qui putat esse quod est, putat quod debet, atque ideo recta est cogitatio. Si ergo vera est et recta cogitatio non ob aliud quam, quia putamus esse quod est, aut non esse quod est: non est aliud eius veritas quam rectitudo.

M. Recte consideras.

CAPITULUM IV

De voluntatis veritate

Io 8, 44

Sed et in voluntate dicit veritas ipsa veritatem esse, cum dicit diabolum *non stetisse in veritate*. Non enim erat in veritate neque deseruit veritatem nisi in voluntate.

Op. omnia p. 181

D. Ita credo. Si enim semper voluisset quod debuit, numquam peccasset, qui non nisi peccando veritatem deseruit.

M. Dic ergo quid ibi intelligas veritatem.

D. Non nisi rectitudinem. Nam si, quamdiu voluit quod debuit, ad quod scilicet voluntatem acceperat, in rectitudine et in veritate fuit, et cum voluit quod non debuit, rectitudinem et veritatem deseruit: non aliud ibi potest intelligi veritas quam rectitudo, quoniam sive veritas sive rectitudo non aliud in eius voluntate fuit quam velle quod debuit.

M. Bene intelligis.

Dazu nämlich ist uns gegeben, denken zu können, daß etwas ist oder nicht ist, damit wir denken, daß ist, was ist, und nicht ist, was nicht ist. Wer deshalb meint, daß ist, was ist, meint, was er muß, und daher ist sein Denken recht. Wenn also das Denken nur deshalb wahr und recht ist, weil wir meinen, daß ist, was ist, oder daß nicht ist, was nicht ist, so ist seine Wahrheit nichts anderes als Rechtheit.

L. Du erwägst richtig.

4. KAPITEL

Von der Wahrheit des Willens

Aber die Wahrheit selbst sagt, auch im Willen sei Wahrheit, wenn sie sagt, der Teufel „habe nicht in der Wahrheit verharrt". Denn er war nicht in der Wahrheit und hat die Wahrheit nicht verlassen, außer im Willen.

Sch. So glaube ich. Denn wenn er immer gewollt hätte, was er mußte, hätte er niemals gesündigt, (er,) der nur durch Sündigen die Wahrheit verlassen hat.

L. Sag also, was du dort unter der Wahrheit verstehst.

Sch. Nur die Rechtheit. Denn wenn er, solange er wollte, was er mußte — wozu er ja den Willen empfangen hatte —, in Rechtheit und in Wahrheit war, und, als er wollte, was er nicht sollte, die Rechtheit und Wahrheit verließ: so kann unter der Wahrheit nichts anderes verstanden werden als die Rechtheit, weil sowohl die Wahrheit wie die Rechtheit nichts anderes in seinem Willen war, als wollen, was er mußte.

L. Du siehst gut ein.

CAPITULUM V

De actionis naturalis et non naturalis veritate

Verum in actione quoque nihilominus veritas credenda est, sicut Dominus dicit, quia *qui male agit, odit lucem;* et: *qui facit veritatem, venit ad lucem.*

D. Video quod dicis.

M. Considera igitur quid ibi sit veritas, si potes.

D. Ni fallor, eadem ratione, qua supra veritatem in aliis cognovimus, in actione quoque contemplanda est.

M. Ita est. Nam si male agere et veritatem facere opposita sunt, sicut ostendit Dominus, cum dicit: *qui male agit, odit lucem;* et: *qui facit veritatem, venit ad lucem:* idem est veritatem facere quod est bene facere. Bene namque facere ad male facere contrarium est. Quapropter si veritatem facere et bene facere idem sunt in oppositione, non sunt diversa in significatione. Sed sententia est omnium quia, qui facit quod debet, bene facit et rectitudinem facit. Unde sequitur quia rectitudinem facere est facere veritatem. Constat namque facere veritatem esse bene facere, et bene facere esse rectitudinem facere. Quare nihil apertius quam veritatem actionis esse rectitudinem.

D. In nullo video titubare considerationem tuam.

M. Inspice, an omnis actio, quae facit quod debet, veritatem facere convenienter dicatur. Est quippe actio rationalis, ut dare eleemosynam; et | est irrationalis actio, ut actio ignis, qui calefacit. Vide ergo, an convenienter dicamus ignem facere veritatem.

D. Si ignis ab eo, a quo habet esse, accepit calefacere: cum calefacit, facit quod debet. Igitur non video, quae inconvenientia sit ignem facere veritatem et rectitudinem, cum facit quod debet.

5. KAPITEL

Von der Wahrheit des naturhaften und nicht naturhaften Handelns

Aber nichtsdestoweniger ist zu glauben, daß auch in der Handlung Wahrheit ist, wie der Herr sagt: „wer böse handelt, hasset das Licht"; und: „wer die Wahrheit tut, kommt an das Licht".

Sch. Ich sehe, was du sagst.

L. Überlege also, was dort die Wahrheit ist, wenn du kannst.

Sch. Wenn ich mich nicht täusche, muß sie in derselben Weise, wie wir die Wahrheit oben in den anderen Dingen erkannt haben, auch in der Handlung betrachtet werden.

L. So ist es. Denn wenn böse handeln und die Wahrheit tun entgegengesetzt sind, wie der Herr es dartut, wenn er spricht: „wer böse handelt, hasset das Licht", und: „wer die Wahrheit tut, kommt an das Licht": (dann) ist dasselbe die Wahrheit tun, was gut handeln ist. Denn gut handeln ist entgegengesetzt zu böse handeln. Wenn daher die Wahrheit tun und gut handeln dasselbe im Gegensatz sind, sind sie nicht verschieden in der Anzeige. Es ist aber allgemeine Ansicht, daß, wer tut, was er soll, gut handelt und Rechtheit tut. Daher folgt, daß Rechtheit tun: die Wahrheit tun ist. Es steht ja fest, daß die Wahrheit tun: gut tun ist, und gut tun: Rechtheit tun ist. Deshalb ist nichts offenkundiger, als daß die Wahrheit der Handlung Rechtheit ist.

Sch. Ich sehe, daß deine Überlegung in nichts wankt.

L. Prüfe, ob man von jeder Handlung, die tut, was sie muß, angemessen sagt, sie tue Wahrheit. Es gibt ja ein vernunftgemäßes Handeln, wie Almosen geben; und es gibt ein vernunftloses Handeln, wie das Handeln des Feuers, das wärmt. Sieh also (zu), ob wir passend sagen, das Feuer tue Wahrheit.

Sch. Wenn das Feuer von dem, von dem es das Sein hat, empfangen hat zu wärmen, dann tut es, wenn es wärmt, was es muß. Ich sehe

M. Mihi quoque non aliter videtur. Unde animadverti potest rectitudinem seu veritatem actionis aliam esse necessariam, aliam non necessariam. Ex necessitate namque ignis facit rectitudinem et veritatem, cum calefacit; et non ex necessitate facit homo rectitudinem et veritatem, cum bene facit.

Facere autem non solum pro eo, quod proprie dicitur facere, sed pro omni verbo Dominus voluit intelligere, cum dixit, quoniam *qui facit veritatem, venit ad lucem.* Non enim separat illum ab hac veritate sive luce, qui patitur persecutionem *propter iustitiam;* aut qui est, quando et ubi debet esse; aut qui stat vel sedet, quando debet; et similia. Nullus namque dicit tales non bene facere. Et cum apostolus dicit quia recipiet unusquisque *prout gessit,* intelligendum ibi est quidquid solemus dicere bene facere vel male facere.

Io 3, 21

Mt 5, 10

2 Co 5, 10

D. Usus quoque communis locutionis hoc habet, ut et pati et multa alia dicat facere, quae non sunt facere. Quare rectam quoque voluntatem, de cuius veritate ante veritatem actionis supra contemplati sumus, inter rectas actiones, ni fallor, cumputare possumus.

M. Non falleris. Nam qui vult quod debet, recte et bene facere dicitur, nec ab iis, *qui veritatem faciunt,* excluditur. Sed quoniam de veritate investigando illam loquimur, et Dominus de illa veritate, quae in voluntate est, specialiter dicere videtur, cum dicit de diabolo quia *in veritate non stetit:* ideo separatim, quid in voluntate veritas esset, considerare volui.

Io 3, 21

Io 8, 44

D. Placet mihi ita factum esse.

Op. omnia p. 183

M. Cum ergo constet actionis veritatem aliam esse naturalem, aliam non naturalem: sub naturali ponenda est illa veritas orationis, quam supra vidimus ab illa non posse separari. Sicut enim ignis, cum calefacit, veritatem

also nicht, welche Ungereimtheit es ist, daß das Feuer Wahrheit und Rechtheit tut, wenn es tut, was es muß.

L. Auch mir dünkt es nicht anders. Daher kann man wahrnehmen, daß die *eine* Rechtheit oder Wahrheit der Handlung notwendig ist, die andere nicht notwendig. Denn mit Notwendigkeit tut das Feuer Rechtheit und Wahrheit, wenn es wärmt; und nicht mit Notwendigkeit tut der Mensch Rechtheit und Wahrheit, wenn er gut handelt.

„Tun" aber wollte der Herr nicht bloß für das verstehen, was im eigentlichen Sinne „tun" genannt wird, sondern für jedes Verbum, wenn er sprach: „wer die Wahrheit tut, kommt an das Licht". Denn es trennt den nicht von dieser Wahrheit oder von diesem Licht, der Verfolgung leidet „um der Gerechtigkeit willen"; oder der ist, wann und wo er sein soll; oder der steht oder sitzt, wann er soll; und ähnliches. Denn niemand behauptet, daß solche nicht gut handeln. Und wenn der Apostel sagt, daß ein jeder empfangen wird, „je nachdem er getan hat", so ist da alles zu verstehen, was wir gut tun oder böse tun zu nennen pflegen.

Sch. Auch der allgemeine Sprachgebrauch hat dies, daß er sowohl leiden als auch vieles andere „tun" nennt, das nicht tun ist. Deshalb können wir auch den rechten Willen, über dessen Wahrheit wir vor der Wahrheit des Handelns oben betrachtet haben, unter die rechten Handlungen rechnen, wenn ich mich nicht täusche.

L. Du täuschst dich nicht. Denn von dem, der will, was er muß, sagt man, daß er recht und gut tut, und er wird von denen, „die die Wahrheit tun", nicht ausgeschlossen. Aber weil wir bei der Untersuchung der Wahrheit von jener sprechen und der Herr von jener Wahrheit, die im Willen ist, in besonderer Weise zu sprechen scheint, wenn er vom Teufel sagt, daß er „in der Wahrheit nicht verharrte": deshalb wollte ich gesondert erwägen, was im Willen die Wahrheit ist.

Sch. Es freut mich, daß es so geschehen ist.

L Da also feststeht, daß die *eine* Wahrheit des Handelns naturhaft, die andere nicht naturhaft ist, so ist unter die naturhafte jene Wahrheit der Rede zu rechnen, von der wir oben (*in K. 2*) sahen, daß sie

facit, quia ab eo accepit, a quo habet esse: ita et haec oratio, scilicet ‚dies est', veritatem facit, cum significat diem esse, sive dies sit sive non sit; quoniam hoc naturaliter accepit facere.

D. Nunc primum video in falsa oratione veritatem.

CAPITULUM VI

De sensuum veritate

M. Putasne nos praeter summam veritatem omnes sedes invenisse veritatis?

D. Reminiscor nunc cuiusdam veritatis, quam in his, de quibus tractasti, non invenio.

M. Quae est illa?

D. Est quidem in sensibus corporis veritas, sed non semper. Nam fallunt nos aliquando. Nam cum video aliquando per medium vitrum aliquid, fallit me visus, quia aliquando renuntiat mihi corpus, quod video ultra vitrum, eiusdem esse coloris, cuius est et vitrum, cum alterius sit coloris; aliquando vero facit me putare vitrum habere colorem rei, quam ultra video, cum non habeat. Multa sunt alia, in quibus visus et alii sensus fallunt.

M. Non mihi videtur haec veritas vel falsitas in sensibus esse, sed in opinione. Ipse namque sensus interior se fallit, non illi mentitur exterior. Quod aliquando facile cognoscitur, aliquando difficile. Cum enim puer timet sculptum draconem aperto ore, facile cognoscitur quia non hoc facit visus, qui nihil aliud puero renuntiat quam

von ihr nicht getrennt werden kann. Denn wie das Feuer, wenn es wärmt, die Wahrheit tut, weil es das von dem empfing, von dem es das Sein hat, so tut auch diese Rede: „es ist Tag" die Wahrheit, wenn sie aussagt, daß Tag ist, sei es, daß Tag ist oder nicht ist; weil sie dies zu tun naturhaft empfangen hat.

Sch. Jetzt sehe ich zum ersten Male die Wahrheit in einer falschen Rede.

6. KAPITEL

Von der Wahrheit der Sinne

L. Meinst du, daß wir, von der höchsten Wahrheit abgesehen, alle Sitze der Wahrheit gefunden haben?

Sch. Ich erinnere mich jetzt einer Wahrheit, die ich unter denen, über die du gehandelt hast, nicht finde.

L. Welche ist das?

Sch. Es ist zwar in den Sinnen des Körpers Wahrheit, aber nicht immer. Denn sie täuschen uns manchmal. Wenn ich nämlich manchmal etwas mitten durch ein Glas sehe, täuscht mich die Sehkraft, weil sie mir manchmal berichtet, daß der Körper, den ich jenseits des Glases sehe, dieselbe Farbe besitzt wie auch das Glas, obwohl er eine andere Farbe hat; manchmal aber läßt es mich glauben, daß das Glas die Farbe des Dinges habe, das ich jenseits sehe, obgleich es sie nicht hat. Vieles andere gibt es, bei dem die Sehkraft und die anderen Sinne täuschen.

L. Es scheint mir diese Wahrheit oder Falschheit nicht in den Sinnen zu liegen, sondern im Urteil. Dieser innere Sinn nämlich täuscht sich, nicht belügt ihn der äußere. Das läßt sich manchmal leicht erkennen, manchmal schwer. Denn wenn ein Kind sich vor einem geschnitzten Drachen mit offenem Rachen fürchtet, so läßt sich leicht erkennen,

senibus, sed puerilis sensus interior, qui nondum bene scit discernere inter rem et rei similitudinem. Tale est, cum videntes hominem alicui similem putamus illum esse, cui | similis est; aut cum audiens quis non hominis vocem putat esse vocem hominis. Nam et hoc facit sensus interior.

Op. omnia p. 184

Quod autem dicis de vitro, ideo est, quia cum visus transit per corpus aliquod aerii coloris, non aliter impeditur assumere similitudinem coloris, quem ultra videt, quam cum transit per aera; nisi inquantum illud corpus, quod transit, spissius aut obscurius est aere. Ut cum transit per vitrum sui coloris, id est, cui nullus alius admixtus est color; aut per purissimam aquam aut per crystallum aut per aliquid similem habens colorem. Cum vero transit idem visus per alium colorem, ut per vitrum non sui coloris, sed cui alius color est additus: ipsum colorem, qui prius occurrit, accipit. Quapropter quoniam post unum acceptum colorem, secundum quod illo affectus est, alium quicumque occurrat aut nullatenus aut minus integre suscipit: ideo illum, quem prius cepit, aut solum aut cum eo, qui post occurrit, renuntiat. Si enim visus quantum capax est coloris, tantum afficitur priori colore, non potest alium simul sentire colorem. Si autem minus quam colorem sentire possit, priori afficitur, potest alium sentire. Ut si transit per aliquod corpus, velut per vitrum, quod ita sit perfecte rubicundum, ut omnino ipse visus afficiatur eius rubore, nequit diverso simul affici colore. Si autem non tam perfectum invenit ruborem, qui prior occurrit, quantum coloris capax est: quasi nondum plenus adhuc alium valet assumere colorem, inquantum eius capacitas priori colore non est satiata. Qui ergo hoc nescit, putat visum renuntiare, quia omnia, quae post prius assumptum colorem sentit, aut omnino aut aliquatenus

daß dies nicht die Sehkraft macht, die dem Kinde nichts anderes meldet als den Greisen, sondern der innere Sinn des Kindes, der noch nicht gut zu unterscheiden versteht zwischen einem Dinge und dem Abbild des Dinges. Dies ist der Fall, wenn wir einen Menschen sehen, der einem ähnlich ist, und glauben, es sei der, dem er ähnlich ist; oder wenn einer die Stimme, die nicht die eines Menschen ist, hört, glaubt, es sei die Stimme eines Menschen. Denn auch das tut der innere Sinn.

Was du aber vom Glase sagst, ist deshalb, weil die Sehkraft, wenn sie durch einen Körper von der Farbe der Luft geht, nicht in anderer Weise gehindert wird, die Ähnlichkeit der Farbe, die sie jenseits sieht, aufzunehmen, als wenn sie durch die Luft geht; außer insoweit jener Körper, durch den sie geht, dichter und dunkler als die Luft ist. So wenn sie durch ein Glas seiner Farbe, das heißt der keine andere Farbe beigemischt ist, geht; oder durch reinstes Wasser oder durch Kristall oder durch etwas, was eine ähnliche Farbe hat. Wenn aber dieselbe Sehkraft durch eine andere Farbe geht — wie durch ein Glas, das nicht von seiner Farbe ist, sondern der eine andere Farbe beigegeben ist —, so empfängt sie die Farbe, die ihr zuerst begegnet. Weil sie daher nach Empfang *einer* Farbe, ja nachdem sie mit ihr erfüllt ist, eine andere, die ihr begegnet, entweder gar nicht oder weniger unversehrt aufnimmt: deshalb gibt sie die, welche sie früher empfangen hat, entweder allein oder mit der, der sie nachher begegnet, wieder. Wenn nämlich die Sehkraft so weit mit der früheren Farbe erfüllt ist, als sie für Farbe aufnahmefähig ist, kann sie nicht zugleich eine andere Farbe aufnehmen. Wenn sie aber weniger, als sie Farbe wahrnehmen kann, mit der früheren erfüllt ist, kann sie eine andere wahrnehmen. So wenn sie durch einen Körper geht, etwa durch ein Glas, das so vollkommen rot ist, daß diese Sehkraft mit seinem Rot vollkommen erfüllt ist, kann sie nicht zugleich mit einer verschiedenen Farbe erfüllt werden. Wenn sie aber ein nicht so vollkommenes Rot, das ihr zuerst begegnet, vorfindet, wie sie für Farbe aufnahmefähig ist, so vermag sie, als noch nicht erfüllt, noch eine andere Farbe aufzunehmen, insofern ihre Aufnahmefähigkeit durch die frühere Farbe noch nicht gesättigt ist. Wer

eiusdem sint coloris. Unde contingit, ut sensus interior culpam suam imputet sensui exteriori.

Similiter cum fustis integer, cuius pars est intra aquam et pars extra, putatur fractus; aut cum putamus quod visus noster vultus nostros inveniat in speculo; et cum multa alia nobis aliter videntur visus et alii sensus nuntiare quam sint: non culpa sensuum est, qui renuntiant quod possunt, quoniam ita posse acceperunt, sed iudicio animae imputandum est, quod non bene discernit, quid illi possint aut quid debeant.

Quod ostendere, quoniam laboriosum magis est quam fructuosum ad hoc, quod intendimus, in hoc modo tempus insumendum non arbitror. Hoc tantum sufficiat dicere quia sensus, quidquid renuntiare videantur, sive ex sui natura hoc faciant | sive ex alia aliqua causa: hoc faciunt quod debent, et ideo rectitudinem et veritatem faciunt; et continetur haec veritas sub illa veritate, quae est in actione.

D. Satisfecisti mihi tua responsione, et nolo te amplius morari in hac de sensibus quaestione.

p. 185
Op. omnia

CAPITULUM VII

De veritate essentiae rerum

M. Iam considera, an praeter summam veritatem in aliqua re veritas sit intelligenda, exceptis iis, quae supra conspecta sunt.

D. Quid illud esse potest?

das also nicht weiß, glaubt, die Sehkraft melde, daß alles, was sie nach der zuerst aufgenommenen Farbe wahrnimmt, entweder ganz oder zum Teil dieselbe Farbe habe. Daher kommt es, daß der innere Sinn seine Schuld dem äußeren aufbürdet.

Wenn in ähnlicher Weise ein ungebrochener Stock, von dem ein Teil innerhalb und ein Teil außerhalb des Wassers sich befindet, für gebrochen gehalten wird [1]; oder wenn wir glauben, daß unsere Sehkraft unser Gesicht im Spiegel findet; und wenn vieles andere die Sehkraft und die anderen Sinne uns anders zu melden scheinen, als es ist: so ist das nicht die Schuld der Sinne, die melden, was sie können, weil sie es so zu können empfangen haben, sondern ist dem Urteil der Seele anzurechnen, das nicht gut unterscheidet, was jene können oder was sie müssen.

Das aufzuzeigen glaube ich nicht in dieser Weise Zeit aufwenden zu sollen, weil es eher mühsam als fruchtbar ist für den Zweck, den wir anstreben. Nur das möge zu bemerken genügen, daß die Sinne, was immer sie zu melden scheinen, sei es, daß sie das aus ihrer Natur heraus tun oder aus einer anderen Ursache: tun, was sie müssen, und deshalb Rechtheit und Wahrheit tun; und diese Wahrheit ist unter jener Wahrheit enthalten, die im Handeln liegt.

Sch. Du hast mir mit deiner Antwort Genüge getan, und ich will nicht, daß du länger in dieser Frage von den Sinnen verweilst.

7. KAPITEL

Von der Wahrheit des Wesens der Dinge

L. Überlege jetzt, ob, von der höchsten Wahrheit abgesehen, in irgendeinem Dinge Wahrheit zu verstehen ist, jene ausgenommen, die oben untersucht wurden.

M. An putas aliquid esse aliquando aut alicubi, quod non sit in summa veritate, et quod inde non acceperit quod est, inquantum est, aut quod possit aliud esse, quam quod ibi est?

D. Non est putandum.

M. Quidquid igitur est, vere est, inquantum est hoc, quod ibi est.

D. Absolute concludere potes quia omne quod est, vere est, quoniam non est aliud quam quod ibi est.

M. Est igitur veritas in omnium quae sunt essentia, quia hoc sunt, quod in summa veritate sunt.

D. Video ita ibi esse veritatem, ut nulla ibi possit esse falsitas; quoniam quod falso est, non est.

M. Bene dicis. Sed dic, an aliquid debeat aliud esse, quam quod est in summa veritate.

D. Non.

M. Si ergo omnia hoc sunt quod ibi sunt, sine dubio hoc sunt quod debent.

D. Vere hoc sunt quod debent.

M. Quiquid vero est quod debet esse, recte est.

D. Aliter non potest.

M. Igitur omne quod est, recte est.

D. Nihil consequentius.

Op. omnia p. 186

M. Si ergo et veritas et rectitudo idcirco sunt in rerum essentia, quia hoc sunt quod sunt in summa veritate: certum est veritatem rerum esse rectitudinem.

D. Nihil planius quantum ad consequentiam argumentationis.

Sch. Was könnte das sein?

L. Meinst du etwa, daß es irgendwann oder irgendwo etwas gibt, das nicht in der höchsten Wahrheit ist und das nicht von dorther empfangen hat, was es ist, insofern es ist, oder das etwas anderes sein könnte, als was es dort ist?

Sch. Das ist nicht anzunehmen.

L. Was immer es also gibt, ist wahrhaft, insofern es das ist, was es dort ist.

Sch. Du kannst unbedingt schließen, daß alles, was ist, wahrhaft ist, weil es nichts anderes ist, als was es dort ist.

L. Es ist also Wahrheit im Wesen aller Dinge, die es gibt, weil sie das sind, was sie in der höchsten Wahrheit sind.

Sch. Ich sehe, daß dort solcherart Wahrheit ist, daß dort keine Falschheit sein kann; denn was falsch ist, ist nicht.

L. Gut sagst du es. Aber sprich, ob ein Ding etwas anderes sein darf, als was es in der höchsten Wahrheit ist?

Sch. Nein.

L. Wenn also alle Dinge das sind, was sie dort sind, sind sie ohne Zweifel das, was sie müssen.

Sch. Sie sind wahrhaft das, was sie müssen.

L. Alles aber, was ist, was es sein muß, ist recht.

Sch. Anders kann es nicht sein.

L. Also alles, was ist, ist recht.

Sch. Nichts ist folgerichtiger.

L. Wenn also sowohl Wahrheit wie Rechtheit deshalb im Wesen der Dinge ist, weil sie das sind, was sie in der höchsten Wahrheit sind, so ist gewiß, daß die Wahrheit der Dinge die Rechtheit ist.

Sch. Nichts ist klarer, was die Folgerichtigkeit der Beweisführung angeht.

CAPITULUM VIII

De diversis intellectibus debere *et* non debere,
posse *et* non posse.

Sed secundum rei veritatem quomodo possumus dicere, quia quidquid est debet esse, cum sint multa opera mala, quae certum est esse non debere?

M. Quid mirum, si eadem res debet esse et non esse?

D. Quomodo potest hoc esse?

M. Scio te non dubitare quia nihil omnino est, nisi Deo aut faciente aut permittente.

D. Nihil mihi certius.

M. An audebis dicere quia Deus aliquid faciat aut permittat non sapienter aut non bene?

D. Immo assero quia nihil nisi bene et sapienter.

M. An iudicabis non debere esse, quod tanta bonitas et tanta sapientia facit aut permittit?

D. Quis intelligens hoc audeat cogitare?

M. Debet igitur esse pariter et quod faciente et quod permittente Deo fit.

D. Patet quod dicis.

M. Dic etiam, an putes esse debere malae voluntatis effectum.

D. Idem est, ac si dicas, an debeat esse malum opus, quod nullus sensatus concedet.

M. Permittit tamen Deus aliquos male facere quod male volunt.

D. Utinam non tam saepe permitteret.

M. Idem igitur debet esse et non esse. Debet enim esse, quia bene et sapienter ab eo, quo non permittente fieri non posset, permittitur; et non debet esse quantum ad illum, cuius iniqua voluntate concipitur. Hoc igitur modo

8. KAPITEL

Von dem verschiedenen Sinn von „müssen" und „nichtmüssen",
„können" und „nichtkönnen"

Aber wie können wir der Wahrheit der Sache gemäß behaupten, daß alles, was ist, sein muß, da es viele schlechte Werke gibt, die sicherlich nicht sein müssen?

L. Was Wunder, wenn dieselbe Sache sein und nicht sein muß?

Sch. Wie kann das sein?

L. Ich weiß, daß du nicht zweifelst, daß gar nichts ist, außer was Gott entweder tut oder zuläßt.

Sch. Nichts ist mir gewisser.

L. Wirst du wagen zu behaupten, daß Gott etwas nicht weise oder nicht gut tut oder zuläßt?

Sch. Im Gegenteil behaupte ich: nichts, außer gut und weise.

L. Wirst du urteilen, daß nicht sein muß, was die so große Güte und so große Weisheit tut oder zuläßt.

Sch. Welcher Einsichtige würde wagen, das zu denken?

L. Es muß also in gleicher Weise sein, sowohl was durch das Tun als was durch die Zulassung Gottes geschieht.

Sch. Es liegt offen zutage, was du sagst.

L. Sag auch, ob du glaubst, daß die Wirkung des schlechten Willens sein muß.

Sch. Das ist dasselbe, als wenn du sagtest, ob das schlechte Werk sein muß, was niemand, der gesunden Sinnes ist, zugeben wird.

L. Es läßt jedoch Gott zu, daß einige schlecht ins Werk setzen, was sie schlecht wollen.

Sch. Daß er das doch nicht so oft zuließe!

L. Dasselbe muß also sein und nicht sein. Es muß nämlich sein, weil es gut und weise von dem zugelassen wird, ohne dessen Zulassung es nicht geschehen könnte; und es muß nicht sein in Hinblick auf den, durch dessen ungerechten Willen es begangen wird. Auf diese Weise

Op. omnia
p. 187

Dominus Iesus, quia solus innocens erat, non debuit mortem | pati, nec ullus eam illi debuit inferre; et tamen debuit eam pati, quia ipse sapienter et benigne et utiliter voluit eam sufferre. Multis enim modis eadem res suscipit diversis considerationibus contraria. Quod in actione saepe contingit, ut in percussione. Percussio namque et agentis est et patientis. Unde et actio dici potest et passio. Quamvis secundum ipsum nomen actio vel percussio et quae similiter dicta a passivis in activa significatione dicuntur, magis videantur esse patientis quam agentis. Quippe secundum id quod agit, magis proprie videtur dici agentia vel percutientia; et secundum id quod patitur, actio et percussio. Nam agentia et percutientia ab agente et percutiente dicitur, sicut providentia a providente et continentia a continente, quae scilicet agens et percutiens, providens et continens activa sunt; actio vero et percussio ab acto et percusso, quae passiva sunt, derivantur. Sed quoniam — ut in uno dicam quod in ceteris intelligas —, sicut percutiens non est sine percusso nec percussus absque percutiente, ita percutientia et percussio sine invicem esse nequeunt, immo una et eadem res est diversis nominibus secundum diversas partes significata: idcirco percussio et percutientis et percussi esse dicitur.

Quapropter secundum quod agens vel patiens eidem subiacent iudicio vel contrariis, ipsa quoque actio ex utraque parte similiter iudicabitur aut contrarie. Cum ergo et qui percutit, recte percutit, et qui percutitur, recte percutitur, ut cum peccans ab eo, ad quem pertinet, corrigitur: ex utraque parte recta est, quia ex utraque parte debet esse percussio. E contrario, quando iustus ab iniquo percutitur: quia nec iste percuti nec ille percutere debet, ex utraque parte non recta est, quia ex neutra parte debet esse percussio. Cum vero peccans ab eo, ad quem non

also mußte der Herr Jesus den Tod nicht erleiden, weil er allein unschuldig war, noch durfte ihn jemand ihm zufügen; und dennoch mußte er ihn erleiden, weil er selbst ihn weise und gütig und nutzbringend erdulden wollte. Denn auf viele Arten nimmt dieselbe Sache unter verschiedenen Gesichtspunkten Gegenteiliges an. Dies trifft oft bei einer Handlung zu, wie bei einem Schlag. Ein Schlag ist nämlich sowohl Sache des Handelnden wie auch des Leidenden. Deshalb kann es sowohl eine Handlung wie ein Leiden genannt werden. Obwohl dem Namen selbst nach die Handlung oder der Schlag und was man in ähnlicher Weise von Passiven sagt, in aktiver Bedeutung ausgesagt wird, mehr dem Leidenden als dem Handelnden zuzugehören scheinen. Denn gemäß dem, was handelt, scheint es in eigentlicherem Sinne ein Handeln oder ein Schlagen genannt zu werden, und nach dem, was leidet, Handlung und Schlag. Denn das Handeln und Schlagen wird vom Handelnden und Schlagenden genannt, wie die Vorsehung von dem Vorsehenden und die Enthaltsamkeit von dem sich Enthaltenden, die — nämlich der Handelnde und der Schlagende, der Vorsehende und der sich Enthaltende — Aktiva sind; die Handlung aber und der Schlag leiten sich vom Gehandelten und Geschlagenen ab, die Passiva sind. Weil aber — um in *einem* zu sagen, was du in den übrigen verstehen mögest —, wie es einen Schlagenden nicht ohne einen Geschlagenen gibt noch einen Geschlagenen ohne einen Schlagenden, so das Schlagen und der Schlag ohne Gegenseitigkeit nicht sein können, ja ein- und dieselbe Sache durch verschiedene Namen nach verschiedenen Seiten angezeigt ist: deshalb sagt man, daß der Schlag sowohl dem Schlagenden wie dem Geschlagenen zukommt.

Je nachdem deshalb der Handelnde oder der Leidende demselben oder dem gegenteiligen Urteil unterliegen, wird auch die Handlung von beiden Seiten her ähnlich oder gegensätzlich beurteilt werden. Wenn also sowohl wer schlägt, recht schlägt, wie auch wer geschlagen wird, recht geschlagen wird — so wie wenn der, der sündigt, von dem, dem es zusteht, getadelt wird —: so ist sie (die Handlung) von beiden Seiten her recht, weil der Schlag von beiden Seiten her sein muß. Und

pertinet, percutitur: quoniam et iste debet percuti et ille non debet percutere, debet et non debet esse percussio; et ideo recta et non recta negari non potest. Quod si ad supernae sapientiae bonitatisque consideres iudicium, sive ex altera tantum sive ex utraque parte, agentis scilicet et patientis, esse non debeat percussio: quis audebit negare debere esse quod tanta sapientia et bonitate permittitur?

D. Neget qui audet; ego vero non audeo.

M. Quid etiam, si secundum rerum naturam consideres, ut cum clavi ferrei impressi sunt in corpus Domini: an dices fragilem carnem non debuisse penetrari, aut acuto ferro penetratam non debuisse dolere?

Op. omnia p. 188

D. Contra naturam dicerem.

M. Potest igitur contingere, ut debeat esse secundum naturam actio vel passio, quae secundum agentem vel patientem esse non debet, quoniam nec ille agere nec iste debet pati.

D. Nihil horum negare possum.

M. Vides ergo saepissime posse contingere, ut eadem actio debeat esse et non debeat esse diversis considerationibus?

D. Ita aperte hoc ostendis, ut non possim non videre.

M. Verum inter haec te scire volo, quia debere et non debere dicitur aliquando improprie; ut cum dico, quia debeo amari a te. Si enim vere debeo, debitor sum reddere quod debeo, et in culpa sum, si non amor a te.

D. Ita sequitur.

M. Sed cum debeo amari a te, non est a me exigendum, sed a te.

D. Fateri me ita esse oportet.

M. Cum ergo dico, quia debeo amari a te, non ita dicitur, quasi ego aliquid debeam, sed quia tu debes amare

im Gegenteil, wenn ein Gerechter von einem Ungerechten geschlagen wird, so ist sie, weil weder jener geschlagen werden noch dieser schlagen darf, von beiden Seiten her nicht recht, weil von keiner Seite her der Schlag sein darf. Wenn aber einer, der sündigt, von dem, dem es nicht zusteht, geschlagen wird, so muß der Schlag und muß nicht sein, weil einerseits jener geschlagen werden muß, andererseits dieser nicht schlagen darf; und daher kann nicht geleugnet werden, daß er recht und nicht recht war. Wenn du auf das Urteil der himmlischen Weisheit und Güte schaust — ob nun der Schlag nur von einer Seite her oder von beiden Seiten her, nämlich von seiten des Handelnden und Leidenden, nicht sein darf —: wer wird zu leugnen wagen, daß sein muß, was durch die so große Weisheit und Güte zugelassen wird?

Sch. Leugne es, wer es wagt; ich aber wage es nicht.

L. Was, wenn du (es) auch der Natur der Dinge nach betrachtest, so, wenn die eisernen Nägel in den Leib des Herrn eingedrückt wurden: wirst du sagen, daß das zerbrechliche Fleisch nicht durchdrungen werden mußte, oder, wenn es mit dem spitzen Eisen durchdrungen wurde, nicht Schmerz empfinden mußte?

Sch. Ich würde gegen die Natur sprechen.

L. Es kann also geschehen, daß Handeln oder Leiden der Natur nach sein muß, das in Hinsicht auf den Handelnden oder Leidenden nicht sein darf, weil es weder jener tun noch dieser erleiden darf.

Sch. Nichts von dem kann ich leugnen.

L. Siehst du also, daß es sehr oft geschehen kann, daß dieselbe Handlung unter verschiedenen Gesichtspunkten sein und nicht sein muß?

Sch. Du zeigst das so klar, daß ich nicht imstande bin, es nicht zu sehen.

L. Jedoch will ich Dich nebenbei wissen lassen, daß müssen und nicht müssen manchmal in uneigentlichem Sinne gesagt werden; so, wenn ich sage: „ich muß von dir geliebt werden." Denn wenn ich wirklich muß, bin ich verpflichtet zu erstatten, was ich schulde, und bin in Schuld, wenn ich nicht von dir geliebt werde.

me. Similiter cum dico, quia non debeo amari a te, non aliud intelligitur, quam quia tu non debes amare me.

Qui modus loquendi est etiam in potentia et in impotentia. Ut cum dicitur: Hector potuit vinci ab Achille, et Achilles non potuit vinci ab Hectore. Non enim fuit potentia in illo, qui vinci potuit, sed in illo, qui vincere potuit; nec impotentia in illo, qui vinci non potuit, sed in illo, qui vincere non potuit.

D. Placet mihi quod dicis. Quippe utile puto hoc cognoscere.

M. Recte putas.

CAPITULUM IX

Quod omnis actio significet verum aut falsum

Sed redeamus ad veritatem significationis, a qua ideo incepi, ut te a notioribus ad ignotiora perducerem. Omnes enim de veritate significationis loquuntur; veritatem vero, quae est in rerum essentia, pauci considerant.

Op. omnia
p. 189

D. Profuit mihi quia hoc ordine me duxisti.

M. Videamus ergo, quam lata sit veritas significationis. Namque non solum in iis, quae signa solemus dicere, sed et in aliis omnibus, quae diximus, est significatio vera vel

Sch. So folgt.

L. Aber wenn ich von dir geliebt werden muß, ist das nicht von mir, sondern von dir zu verlangen.

Sch. Ich muß gestehen, daß es so ist.

L. Wenn ich also sage, daß ich von dir geliebt werden muß, so wird das nicht so gesagt, als schuldete ich etwas, sondern weil du mich lieben mußt. Ähnlich wird, wenn ich sage, daß ich von dir nicht geliebt werden muß, nichts anderes verstanden, als daß du mich nicht lieben mußt.

Diese Redeweise gibt es auch bei der Macht und bei der Ohnmacht. So, wenn es heißt: „Hektor konnte von Achilles besiegt werden", und: „Achilles konnte von Hektor nicht besiegt werden." Denn nicht war Macht in dem, der besiegt werden konnte, sondern in dem, der siegen konnte; noch war Ohnmacht in dem, der nicht besiegt werden konnte, sondern in dem, der nicht siegen konnte.

Sch. Es gefällt mir, was du sagst. Denn ich glaube, daß es nützlich ist, das einzusehen.

L. Du glaubst recht.

9. Kapitel

Daß jede Handlung Wahres oder Falsches anzeigt

Aber kehren wir zurück zur Wahrheit der Anzeige, von der ich deshalb begann, um dich von dem Bekannteren zum Unbekannteren zu führen. Alle sprechen nämlich von der Wahrheit der Anzeige; die Wahrheit aber, die im Wesen der Dinge liegt, bedenken wenige.

Sch. Es hat mir genützt, daß du mich in dieser Reihenfolge führtest.

L. Sehen wir also, welche Weite die Wahrheit der Anzeige hat. Denn nicht allein in den Dingen, die wir Zeichen zu nennen pflegen, sondern auch in allen anderen, von denen wir sprachen, ist die An-

falsa. Quoniam namque non est ab aliquo faciendum, nisi quod quis debet facere, eo ipso quod aliquis aliquid facit, dicit et significat hoc se debere facere. Quod si debet facere quod facit, verum dicit. Si autem non debet, mentitur.

D. Quamvis mihi videar intelligere, tamen quia mihi inauditum hactenus fuit, apertius ostende quod dicis.

M. Si esses in loco, ubi scires esse salubres herbas et mortiferas, sed nescires eas discernere; et esset ibi aliquis, de quo non dubitares quia illas discernere sciret, tibique interroganti, quae salubres essent et quae mortiferae, alias verbo diceret salubres esse et alias comederet: cui magis crederes, verbo an actioni eius?

D. Non tantum crederem verbo quantum operi.

M. Plus ergo tibi diceret, quae salubres essent, opere quam verbo.

D. Ita est.

M. Sic itaque, si nescires non esse mentiendum et mentiretur aliquis coram te: etiam si tibi diceret ipse non se debere mentiri, plus ipse tibi diceret opere se mentiri debere quam verbo non debere. Similiter cum cogitat aliquis aut vult aliquid, si nescires, an deberet id velle sive cogitare: si voluntatem eius et cogitationem videres, significaret tibi ipso opere quia hoc deberet cogitare et velle. Quod si ita deberet, verum diceret. Sin autem, mentiretur. In rerum quoque existentia est similiter vera vel falsa significatio, quoniam eo ipso quia est, dicit se debere esse.

D. Video nunc aperte quod hactenus non animadverti.

M. Progrediamur ad ea quae restant.

D. Praecede et sequar.

zeige wahr oder falsch. Weil nämlich von niemandem zu tun ist, außer was einer tun muß, so sagt und zeigt einer eben dadurch, daß er etwas tut, an, daß er das tun muß. Wenn er tun muß, was er tut, spricht er wahr. Wenn er es aber nicht muß, lügt er.

Sch. Obwohl ich glaube, es einzusehen, zeige dennoch klarer, was du sagst, weil es mir bisher unerhört war.

L. Wenn du an einem Orte wärest, wo du wüßtest, daß heil- und todbringende Kräuter sind, du aber sie nicht zu unterscheiden wüßtest, und es wäre dort jemand, von dem du nicht zweifelst, daß er sie zu unterscheiden weiß und dir auf die Frage, welche heilbringend seien und welche todbringend, die einen mit Worten als heilbringend bezeichnete und die anderen essen würde: wem würdest du mehr glauben, seinem Worte oder seiner Handlung?

Sch. Ich würde nicht so sehr dem Worte als der Tat glauben.

L. Er würde dir also mehr durch die Tat als durch das Wort sagen, welche heilbringend sind.

Sch. So ist es.

L. So also, wenn du nicht wüßtest, daß man nicht lügen darf, und jemand würde vor dir lügen: würde er dir, auch wenn er dir sagte, daß er nicht lügen dürfe, mehr durch die Tat sagen, daß er lügen dürfe, als durch das Wort, daß er es nicht dürfe. Wenn in ähnlicher Weise einer etwas denkt oder will (und) wenn du nicht wüßtest, ob er das wollen oder denken muß: wenn du seinen Willen und sein Denken sähest, würde er dir durch die Tat selbst anzeigen, daß er das denken und wollen muß. Wenn er so müßte, würde er die Wahrheit sagen. Wenn aber nicht, würde er lügen. Auch in der Existenz der Dinge ist ähnlich die Anzeige wahr oder falsch, weil sie eben dadurch, daß sie ist, sagt, daß sie sein muß.

Sch. Ich sehe jetzt klar, was ich bisher nicht wahrnahm.

L. Schreiten wir fort zu dem, was noch übrig bleibt.

Sch. Gehe voran, und ich will folgen.

CAPITULUM X

De summa veritate

M. Summam autem veritatem non negabis rectitudinem esse.

D. Immo nihil aliud illam possum fateri.

Op. omnia
p. 190

M. Considera quia, cum omnes supradictae rectitudines ideo sint rectitudines, quia illa, in quibus sunt, aut sunt aut faciunt quod debent: summa veritas non ideo est rectitudo, quia debet aliquid. Omnia enim illi debent, ipsa vero nulli quicquam debet; nec ulla ratione est quod est, nisi quia est.

D. Intelligo.

M. Vides etiam, quomodo ista rectitudo causa sit omnium aliarum veritatem et rectitudinum, et nihil sit causa illius?

D. Video et animadverto in aliis quasdam esse tantum effecta, quasdam vero esse causas et effecta. Ut cum veritas, quae est in rerum existentia, sit effectum summae veritatis, ipsa quoque causa est veritatis, quae cogitationis est, et eius, quae est in propositione; et istae duae veritates nullius sunt causa veritatis.

M. Bene consideras. Unde iam intelligere potes, quomodo summam veritatem in meo *Monologio* probavi non habere principium vel finem per veritatem orationis. Cum enim dixi ‚quando non fuit verum quia futurum erat aliquid', non ita dixi, ac si absque principio ista oratio fuisset, quae assereret futurum esse aliquid, aut ista veritas esset Deus; sed quoniam non potest intelligi quando, si oratio ista esset, veritas illi deesset. Ut per hoc, quia non intelligitur, quando ista veritas esse non potuerit, si esset oratio, in qua esse posset, intelligatur illa veritas sine

10. Kapitel

Von der höchsten Wahrheit

L. Daß aber die höchste Wahrheit Rechtheit ist, wirst du nicht leugnen.

Sch. Im Gegenteil, ich kann sie als nichts anderes bekennen.

L. Erwäge, daß, während alle obengenannten Rechtheiten deshalb Rechtheiten sind, weil die Dinge, in denen sie sind, entweder sind oder tun, was sie müssen, die höchste Wahrheit nicht deshalb Rechtheit ist, weil sie etwas muß. Denn alles ist ihr verpflichtet, sie aber schuldet niemandem etwas und ist aus keinem Grunde, was sie ist, außer daß sie ist.

Sch. Ich verstehe.

L. Siehst du auch, wie diese Rechtheit die Ursache aller anderen Wahrheiten und Rechtheiten ist und nichts ihre Ursache ist?

Sch. Ich sehe und nehme wahr, daß in den anderen manche Wirkungen sind und manche Ursachen und Wirkungen. So ist, während die Wahrheit, die im Dasein der Dinge ist, die Wirkung der höchsten Wahrheit ist, diese auch die Ursache der Wahrheit, die im Denken liegt, und derjenigen, die in der Rede liegt; und diese beiden Wahrheiten sind keiner Wahrheit Ursache.

L. Du erwägst das gut. Daher kannst du jetzt verstehen, wie ich in meinem *Monologion* bewiesen habe, daß die höchste Wahrheit nicht Anfang oder Ende durch die Wahrheit der Rede habe. Wenn ich nämlich sage: „wann nicht wahr war, daß etwas zukünftig war", sagte ich es nicht so, als ob diese Rede ohne Anfang gewesen sei, die behauptet, daß etwas zukünftig sei, oder diese Wahrheit Gott wäre; sondern weil es sich nicht denken läßt, wann, falls diese Rede existierte, ihr die Wahrheit fehlte. So daß dadurch, daß nicht verstanden wird, wann diese Wahrheit nicht hätte sein können, falls die Rede existierte, in der sie sein könnte: verstanden wird, daß jene Wahrheit ohne Anfang gewesen sei, die die erste Ursache dieser Wahrheit

principio fuisse, quae prima causa est huius veritatis. Quippe veritas orationis non semper posset esse, si eius causa non semper esset. Etenim non est vera oratio, quae dicit futurum esse aliquid, nisi reipsa sit aliquid futurum; neque aliquid est futurum, si non est in summa veritate.

Similiter de illa intelligendum est oratione, quae dicit quia praeteritum est aliquid. Nam si nullo intellectu veritas orationi huic, si facta fuerit, deesse poterit, necesse est, ut eius veritatis, quae summa causa est istius, nullus finis intelligi possit. Idcirco namque vere dicitur praeteritum esse aliquid, quia ita est in re; et ideo est aliquid praeteritum, quia sic est in summa veritate.

Quapropter si numquam potuit non esse verum futurum esse aliquid, et numquam poterit non esse verum praeteritum esse aliquid: impossibile est principium summae veritatis fuisse aut finem futurum esse.

D. Nihil tuae rationi obici posse video.

Op. omnia p. 191

CAPITULUM XI

De definitione veritatis

M. Redeamus ad veritatis indagationem, quam incepimus.

D. Totum hoc pertinet ad indagandam veritatem; verumtamen redi ad quod vis.

M. Dic ergo mihi, an tibi videatur esse aliqua alia rectitudo praeter has, quas contemplati sumus.

D. Non alia praeter has, nisi illa, quae est in rebus corporeis, quae multum est aliena ab istis, ut rectitudo virgae.

ist. Denn die Wahrheit der Rede könnte nicht immer sein, wenn ihre Ursache nicht immer wäre. Es ist ja die Rede nicht wahr, die sagt, daß etwas zukünftig sei, wenn nicht in Wirklichkeit etwas zukünftig ist; noch ist etwas zukünftig, wenn es nicht in der höchsten Wahrheit ist.

Ähnlich ist es zu verstehen von jener Rede, die behauptet, daß etwas vergangen ist. Denn wenn in keinem Sinne dieser Rede, falls sie getan ist, die Wahrheit wird fehlen können, so ist es notwendig, daß von derjenigen Wahrheit, die die höchste Ursache dieser ist, sich kein Ende denken läßt. Deshalb wird nämlich wahr behauptet, daß etwas vergangen ist, weil es so in Wirklichkeit ist; und deshalb ist etwas vergangen, weil es so in der höchsten Wahrheit ist.

Wenn es daher niemals nicht wahr sein konnte, daß etwas zukünftig ist, und niemals nicht wahr sein können wird, daß etwas vergangen ist, ist es unmöglich, daß von der höchsten Wahrheit ein Anfang gewesen ist oder ein Ende sein wird.

Sch. Ich sehe, daß man deiner Begründung nichts entgegenhalten kann.

11. Kapitel

Von der Definition der Wahrheit

L. Sage mir also, ob du glaubst, daß es noch eine andere Rechtheit begonnen haben.

Sch. Dies Ganze gehört zur Erforschung der Wahrheit; jedoch kehre zurück zu dem, was du willst.
gibt außer denen, die wir betrachtet haben.

Sch. Keine andere außer diesen, es sei denn jene, die in den körperlichen Dingen ist, die aber weit von diesen absticht; wie die Geradheit eines Stabes.

L. Kehren wir zurück zur Erforschung der Wahrheit, mit der wir

M. In quo illa tibi videtur differre ab istis?

D. Quia illa visu corporeo cognosci potest, istas rationis capit contemplatio.

M. Nonne rectitudo illa corporum ratione intelligitur praeter subiectum et cognoscitur? Aut si de alicuius corporis absentis linea dubitetur, an recta sit, et monstrari potest, quia in nullam partem flectitur: nonne ratione colligitur, quia rectam illam esse necesse est?

D. Etiam. Sed eadem, quae sic ratione intelligitur, visu sentitur in subiecto. Illae vero non nisi sola mente percipi possunt.

M. Possumus igitur, nisi fallor, definire, quia veritas est rectitudo mente sola perceptibilis.

D. Nullo modo hoc dicentem falli video. Nempe nec plus nec minus continet ista definitio veritatis quam expediat, quoniam nomen rectitudinis dividit eam ab omni re, quae rectitudo non vocatur; quod vero sola mente percipi dicitur, separat eam a rectitudine visibili.

CAPITULUM XII

De iustitiae definitione

Sed quoniam docuisti me omnem veritatem esse rectitudinem, et rectitudo mihi videtur idem esse quod iustitia: iustitiam quoque me doce quid esse intelligam. Videtur namque quia omne quod rectum est esse, iustum etiam est esse; et conversim quia quod iustum est esse, rectum est esse. Iustum enim et rectum videtur ignem calidum esse et unum | quemque hominem diligentem se diligere. Nam si quidquid debet esse, recte et iuste est, nec aliud recte et

L. Worin scheint dir diese von jenen sich zu unterscheiden?

Sch. Weil diese durch den körperlichen Gesichtssinn erkannt werden kann, jene die Schau der Vernunft erfaßt.

L. Wird nicht diese Geradheit der Körper außerhalb des Subjektes mit der Vernunft begriffen und erkannt? Oder wenn über die Linie eines abwesenden Körpers gezweifelt wird, ob sie gerade ist, und bewiesen werden kann, daß sie nach keiner Seite abbiegt: wird (da) nicht mit der Vernunft gefolgert, daß sie notwendig gerade ist?

Sch. Ja. Aber dieselbe, die so mit der Vernunft erkannt wird, wird am Subjekt mit dem Gesichtssinn wahrgenommen. Jene dagegen können nur mit dem Geiste allein erfaßt werden.

L. Wir können also, wenn ich mich nicht täusche, definieren, daß die Wahrheit ist: mit dem Geiste allein erfaßbare Rechtheit.

Sch. Ich sehe, daß, wer das sagt, auf keine Weise sich täuscht. Denn weder mehr noch weniger enthält diese Definition der Wahrheit, als erforderlich ist, weil der Name „Rechtheit" sie von jedem Dinge, das nicht Rechtheit heißt, scheidet; daß sie aber mit dem Geiste allein wahrnehmbar genannt wird, trennt sie von der sichtbaren Rechtheit.

12. Kapitel

Von der Definition der Gerechtigkeit

Aber weil du mich belehrt hast, daß jede Wahrheit Rechtheit ist und Rechtheit mir dasselbe zu sein scheint wie Gerechtigkeit, so lehre mich auch, was ich unter Gerechtigkeit verstehen soll. Es scheint nämlich, daß alles, was zu sein recht ist, auch zu sein gerecht ist; und umgekehrt, daß, was zu sein gerecht ist, auch zu sein recht ist. Denn gerecht und recht scheint es, daß das Feuer warm ist und daß ein jeder Mensch den liebt, der ihn liebt. Denn wenn alles, was sein muß, recht und gerecht ist, und nichts anderes recht und gerecht ist, außer was

iuste est, nisi quod debet esse, sicut puto: non potest aliud esse iustitia quam rectitudo. In summa namque et simplici natura, quamvis non ideo sit iusta et recta quia debeat aliquid, dubium tamen non est idem esse rectitudinem et iustitiam.

M. Habes igitur definitionem iustitiae, si iustitia non est aliud quam rectitudo. Et quoniam de rectitudine mente sola perceptibili loquimur, invicem sese definiunt veritas et rectitudo et iustitia. Ut qui unam earum noverit et alias nescierit, per notam ad ignotarum scientiam pertingere possit; immo qui noverit unam, alias nescire non possit.

D. Quid ergo? An dicemus lapidem iustum, cum a superioribus inferiora petit, quia hoc facit quod debet, quemadmodum dicimus hominem iustum, cum facit quod debet?

M. Non solemus huiusmodi iustitia iustum dicere.

D. Cur ergo magis homo iustus quam lapis iustus est, si uterque iuste facit?

M. Tu ipse an non putas facere hominis a facere lapidis aliquo modo differre?

D. Scio quia homo sponte, lapis naturaliter et non sponte facit.

M. Idcirco lapis non dicitur iustus, quia non est iustus, qui facit quod debet, si non vult quod facit.

D. Dicemus ergo iustum esse equum, cum vult pascere, quia volens facit quod debet?

M. Non dixi iustum esse illum, qui facit volens quod debet; sed dixi non esse iustum, qui non facit volens quod debet.

D. Dic ergo, quis sit iustus.

M. Quaeris, ut video, definitionem iustitiae, cui laus

sein muß, wie ich glaube, so kann die Gerechtigkeit nichts anderes sein als Rechtheit. Obwohl nämlich die höchste und einfache Natur nicht deshalb gerecht und recht ist, weil sie etwas muß, kann es dennoch nicht zweifelhaft sein, daß in ihr Rechtheit und Gerechtigkeit dasselbe ist.

L. Du hast also die Definition der Gerechtigkeit, wenn die Gerechtigkeit nichts anderes ist als Rechtheit. Und weil wir von der mit dem Geiste allein wahrnehmbaren Rechtheit sprechen, definieren sich Wahrheit und Rechtheit und Gerechtigkeit gegenseitig. So daß, wer eine von ihnen kennt und von den anderen nichts weiß, durch die bekannte zur Kenntnis der unbekannten gelangen kann; ja, wer eine kennt, es nicht vermag, die anderen nicht zu kennen.

Sch. Was nun? Werden wir einen Stein gerecht nennen, wenn er von oben nach unten strebt, wie wir einen Menschen gerecht nennen, wenn er tut, was er muß?

L. Mit einer derartigen Gerechtigkeit pflegen wir nicht von „gerecht" zu sprechen.

Sch. Warum ist also mehr der Mensch gerecht als der Stein gerecht (ist), wenn jeder von ihnen gerecht handelt?

L. Glaubst du etwa nicht selbst, daß das Tun eines Menschen von dem Tun eines Steines sich irgendwie unterscheidet?

Sch. Ich weiß, daß der Mensch frei, der Stein naturhaft und nicht frei handelt.

L. Deshalb heißt der Stein nicht gerecht, weil nicht gerecht ist, wer tut, was er muß, wenn er nicht will, was er tut.

Sch. Werden wir also sagen, das Pferd sei gerecht, wenn es weiden will, weil es willentlich tut, was es muß?

L. Ich sagte nicht, daß der gerecht sei, der willentlich tut, was er muß; sondern ich sagte, daß nicht gerecht ist, wer nicht willentlich tut, was er muß.

Sch. Sag also, wer gerecht ist.

L. Du suchst, wie ich sehe, die Definition der Gerechtigkeit, der Lob gebührt; wie ihr Gegenteil, die Ungerechtigkeit, Tadel verdient.

debetur; sicut contrario eius, scilicet iniustitiae, debetur vituperatio.

D. Illam quaero.

M. Constat, quia illa iustitia non est in ulla natura, quae rectitudinem non agnoscit. Quidquid enim non vult rectitudinem, etiam si eam tenet, non meretur laudari quia tenet rectitudinem. Velle autem illam non valet qui nescit eam.

D. Verum est.

Op. omnia p. 193

M. Rectitudo igitur, quae tenenti se laudem acquirit, non est nisi in rationali natura, quae sola rectitudinem, de qua loquimur, percipit.

D. Ita sequitur.

M. Ergo quoniam omnis iustitia est rectitudo, nullatenus est iustitia, quae servantem se facit laudabilem, nisi in rationalibus.

D. Non potest aliter esse.

M. Ubi igitur tibi videtur ista iustitia in homine, qui rationalis est?

D. Non est nisi aut in voluntate aut in scientia aut in opere.

M. Quid si quis recte intelligit aut recte operatur, non autem recte velit: laudabit eum quisquam de iustitia?

D. Non.

M. Ergo non est ista iustitia rectitudo scientiae aut rectitudo actionis, sed rectitudo voluntatis.

D. Aut hoc erit aut nihil.

M. Videtur tibi sufficienter esse definita iustitia, quam quaerimus?

D. Tu vide.

M. Quicumque vult quod debet, putas eum recte velle et habere rectitudinem voluntatis?

D. Si quis nesciens vult quod debet, ut cum vult clau-

Sch. Diese suche ich.

L. Es steht fest, daß jene Gerechtigkeit in keiner Natur sich findet, die die Rechtheit nicht erkennt. Denn was immer die Rechtheit nicht will, auch wenn es sie besitzt, verdient nicht gelobt zu werden, daß es die Rechtheit besitzt. Sie zu wollen vermag aber nicht, wer sie nicht kennt.

Sch. Das ist wahr.

L. Die Rechtheit also, die dem, der sie besitzt, Lob einträgt, ist nur in der vernünftigen Natur, die allein die Rechtheit, von der wir sprechen, wahrnimmt.

Sch. So folgt.

L. Weil also jede Gerechtigkeit Rechtheit ist, so ist die Gerechtigkeit, die den, der sie bewahrt, lobwürdig macht, durchaus nur in den Vernunftbegabten.

Sch. Es kann nicht anders sein.

L. Wo scheint dir also diese Gerechtigkeit im Menschen, der vernunftbegabt ist, (zu sein)?

Sch. Sie ist nur entweder im Willen oder im Wissen oder im Werke.

L. Was, wenn jemand recht erkennt oder recht handelt, nicht aber recht will: wird ihn jemand wegen Gerechtigkeit loben?

Sch. Nein.

L. Diese Gerechtigkeit ist also nicht die Rechtheit des Wissens oder die Rechtheit des Handelns, sondern die Rechtheit des Willens.

Sch. Entweder das wird es sein, oder nichts.

L. Scheint dir die Gerechtigkeit, die wir suchen, genügend definiert zu sein?

Sch. Sieh du zu!

L. Wer immer will, was er muß, glaubst du, daß der recht will und die Rechtheit des Willens hat?

Sch. Wenn jemand unwissentlich will, was er soll — so, wenn er das Tor gegen den verschließt, der ohne sein Wissen im Hause einen anderen töten will —: ob der irgendeine Rechtheit des Willens hat oder nicht hat, er hat nicht jene, die wir suchen.

dere ostium contra illum, qui ipso nesciente vult in domo alium occidere: sive habeat iste sive non habeat aliquam voluntatis rectitudinem, non habet illam, quam quaerimus.

M. Quid dicis de illo, qui scit se debere velle quod vult?

D. Potest contingere, ut intelligens velit quod debet, et nolit se debere. Nam cum latro cogitur ablatam reddere pecuniam, palam est quia non vult se debere, quoniam ideo cogitur velle reddere, quia debet. Sed hic nullatenus laudandus est hac rectitudine.

M. Qui cibat pauperem esurientem propter inanem gloriam, vult se debere velle quod vult. Idcirco namque laudatur, quia vult facere quod debet. Quid itaque de isto iudicas?

D. Non est huius rectitudo laudanda, et ideo non sufficit ad iustitiam, quam quaerimus. Sed ostende iam, quae sufficiat.

M. Omnis voluntas sicut vult aliquid, ita vult propter aliquid. Nam | quemadmodum considerandum est quid velit, sic videndum est, cur velit. Quippe non magis recta debet esse volendo quod debet, quam volendo propter quod debet. Quapropter omnis voluntas habet quid et cur. Omnino namque nihil volumus, nisi sit cur velimus.

D. Omnes hoc in nobis cognoscimus.

M. Cur autem tibi videtur volendum unicuique quod vult, ut laudabilem habeat voluntatem? Quid enim volendum sit palam est; quoniam qui non vult quod debet, non est iustus.

D Nec minus apertum mihi videtur quia, sicut volendum est unicuique quod debet, ita volendum est ideo, quia debet, ut iusta sit eius voluntas.

M. Bene intelligis haec duo esse necessaria voluntati

L. Was sagst du von dem, der weiß, daß er wollen muß, was er will?

Sch. Es kann geschehen, daß einer mit Wissen will, was er muß, und nicht will, daß er muß. Denn wenn ein Räuber gezwungen wird, das geraubte Geld zurückzuerstatten, ist es offenbar, daß er nicht will, daß er muß, weil er deshalb zurückerstatten zu wollen gezwungen wird, weil er muß. Aber dieser ist keineswegs ob dieser Rechtheit zu loben.

L. Wer einen hungernden Armen um des eitlen Ruhmes willen speist, will, daß er wollen muß, was er will. Denn deshalb wird er gelobt, weil er tun will, was er muß. Wie urteilst du über diesen?

Sch. Dessen Rechtheit ist nicht zu loben und genügt deshalb nicht zur Gerechtigkeit, die wir suchen. Aber zeige jetzt, welche genügt.

L. Wie jeder Wille etwas will, so will er wegen etwas. Denn wie zu erwägen ist, was er will, so ist auch zu sehen, warum er will. Er muß ja nicht mehr recht sein im Wollen, was er muß, als im Wollen, wegen was er muß. Deshalb hat jeder Wille ein Was und ein Warum. Denn wir wollen durchaus nichts, außer es besteht (ein Grund), warum wir wollen.

Sch. Alle erkennen wir das in uns.

L. Warum aber glaubst du, daß ein jeder wollen muß, was er muß, um einen löblichen Willen zu haben? Was nämlich zu wollen ist, liegt offen zutage, weil der, der nicht will, was er muß, nicht gerecht ist.

Sch. Nicht weniger klar scheint mir, daß, wie jeder wollen muß, was er muß, so deshalb wollen muß, weil er muß, damit sein Wille gerecht sei.

L. Du verstehst gut, daß zur Gerechtigkeit diese zwei (Dinge) für den Willen notwendig sind: nämlich wollen, was er muß, und deshalb, weil er muß. Aber sag, ob das genügt.

Sch. Warum nicht?

L. Wenn jemand will, was er muß, weil er gezwungen wird, und deshalb gezwungen wird, weil er das wollen muß: will der etwa nicht irgendwie, was er muß, weil er muß?

ad iustitiam: velle scilicet quod debet, ac ideo quia debet. Sed dic, an sufficiant.

D. Cur non?

M. Cum aliquis vult quod debet, quia cogitur, et ideo cogitur quia hoc velle debet: nonne hic quodam modo vult quod debet, quoniam debet?

D. Non possum negare; sed alio modo iste vult, alio modo iustus.

M. Distingue ipsos modos.

D. Iustus namque, cum vult quod debet, servat voluntatis rectitudinem non propter aliud, inquantum iustus dicendus est, quam propter ipsam recitudinem. Qui autem non nisi coactus aut extranea mercede conductus vult quod debet: si servare dicendus est rectitudinem, non eam servat propter ipsam, sed propter aliud.

M. Voluntas ergo illa iusta est, quae sui rectitudinem servat propter ipsam rectitudinem.

D. Aut ista aut nulla voluntas iusta est.

M. Iustitia igitur est rectitudo voluntatis propter se servata.

D. Vere haec est definitio iustitiae, quam quaerebam.

M. Vide tamen, ne forte aliquid in ea debeat corrigi.

D. Ego nihil in ea corrigendum esse video.

M. Nec ego. Nulla namque est iustitia, quae non est rectitudo, nec alia quam rectitudo voluntatis iustitia dicitur per se. Dicitur enim rectitudo actionis iustitia, sed non nisi cum iusta voluntate fit actio. Rectitudo autem voluntatis, etiamsi impossibile sit fieri quod recte volumus: tamen nequaquam nomen amittit iustitiae.

Op. omnia p. 195

Quod autem ‚servata' dicitur, forte dicet aliquis: Si rectitudo voluntatis non nisi cum servatur, dicenda est iustitia: non mox ut habetur est iustitia, nec accipimus iustitiam, cum illam accipimus, sed nos servando facimus

Sch. Ich kann es nicht leugnen; aber dieser will auf andere Art, auf andere Art der Gerechte.

L. Unterscheide diese Arten.

Sch. Wenn der Gerechte nämlich will, was er muß, bewahrt er die Rechtheit des Willens — insofern er gerecht zu nennen ist — wegen nichts anderem, als wegen der Rechtheit selber. Wer aber nur gezwungen oder durch äußeren Lohn bewogen will, was er muß: wenn zu sagen ist, daß er die Rechtheit bewahrt, so wahrt er sie nicht um ihretwillen, sondern um eines anderen willen.

L. Jener Wille ist also gerecht, der seine Rechtheit wahrt um der Rechtheit selber willen.

Sch. Entweder dieser oder kein Wille ist gerecht.

L. Gerechtigkeit ist also Rechtheit des Willens, bewahrt um ihrer selbst willen.

Sch. Das ist wahrhaft die Definition der Gerechtigkeit, die ich suchte.

L. Sieh jedoch zu, ob etwa an ihr etwas verbessert werden muß.

Sch. Ich sehe nichts, was an ihr zu verbessern ist.

L. Auch ich nicht. Denn es gibt keine Gerechtigkeit, die nicht Rechtheit ist; noch nennt man an und für sich eine andere Rechtheit als die des Willens Gerechtigkeit. Es heißt nämlich die Rechtheit des Handelns Gerechtigkeit, aber nur, wenn die Handlung mit gerechtem Willen geschieht. Die Rechtheit des Willens aber verliert, auch wenn es unmöglich ist, daß geschieht, was wir recht wollen, dennoch durchaus nicht den Namen der Gerechtigkeit.

(Dazu) aber, daß sie „bewahrt" heißt, wird vielleicht jemand sagen: Wenn die Rechtheit des Willens, nur wenn sie bewahrt wird, Gerechtigkeit heißt, so ist sie nicht Gerechtigkeit, sobald man sie hat, noch empfangen wir die Gerechtigkeit, wenn wir jene empfangen, sondern *wir* bewirken durch Bewahren, daß sie Gerechtigkeit ist. Früher nämlich, als wir sie bewahren, empfangen und haben wir sie. Denn nicht deshalb empfangen wir jene noch haben wir sie zuerst,

eam esse iustitiam. Nam prius illam accipimus et habemus, quam servemus. Non enim ideo illam accipimus nec idcirco illam primitus habemus, quia servamus; sed ideo incipimus illam servare, quia accepimus et habemus.

Sed ad haec nos respondere possumus, quia simul accipimus illam et velle et habere. Non enim illam habemus nisi volendo; et si eam volumus, hoc ipso illam habemus. Sicut autem simul illam habemus et volumus, ita illam simul volumus et servamus; quoniam sicut eam non servamus, nisi cum illam volumus, sic non est, quando eam velimus et non servemus; sed quamdiu eam volumus, servamus, et donec servamus, volumus. Quoniam ergo eodem tempore contingit nobis illam et velle et habere, nec diverso tempore in nobis sunt et velle et servare illam: ex necessitate simul accipimus et habere illam et servare; et sicut quamdiu servamus, habemus illam, ita quamdiu habemus, servamus; nec ulla ex his generatur inconvenientia.

Quippe sicut eiusdem rectitudinis acceptio natura prius est quam habere aut velle illam — quoniam illam habere aut velle non est causa acceptionis, sed acceptio facit velle illam et habere —; et tamen simul sunt tempore acceptio et habere et velle — simul enim incipimus illam et accipere et habere et velle, et mox ut est accepta, est habita et volumus eam —: ita habere seu velle illam, quamvis natura prius sint quam servare, simul tamen sunt tempore. Quare a quo simul accipimus et habere et velle et servare voluntatis rectitudinem, ab illo accipimus iustitiam; et mox ut habemus et volumus eandem rectitudinem voluntatis, iustitia dicenda est.

Quod vero addidimus ‚propter se', ita necessarium est, ut nullo modo eadem rectitudo nisi propter se servata iustitia sit.

weil wir sie bewahren; sondern deshalb beginnen wir sie zu bewahren, weil wir sie empfangen haben und haben.

Aber darauf können wir antworten, daß wir jene und das Wollen und das Haben zugleich empfangen. Denn wir haben sie nur durch Wollen; und wenn wir sie wollen, haben wir sie eben dadurch. Wie wir sie aber zugleich haben und wollen, so wollen und bewahren wir sie zugleich; denn wie wir sie nicht bewahren, außer wenn wir sie wollen, so ist sie nicht, wenn wir sie wollen und nicht bewahren; sondern solange wir sie wollen, bewahren wir sie, und solange wir sie bewahren, wollen wir sie. Weil es uns also zu gleicher Zeit geschieht, daß wir jene sowohl wollen als haben, und nicht zu verschiedener Zeit in uns jene sowohl wollen als bewahren sind: so empfangen wir notwendig zugleich sie zu haben als zu bewahren; und wie wir sie so lange haben, als wir sie bewahren, so bewahren wir sie so lange, als wir sie haben; und daraus entsteht keinerlei Ungereimtheit.

Wie nämlich der Empfang der Rechtheit der Natur nach früher ist, als sie zu haben oder zu wollen — weil sie zu haben oder zu wollen nicht die Ursache des Empfangens ist, sondern das Empfangen bewirkt, sie zu wollen und zu haben —; und dennoch der Zeit nach zugleich das Empfangen und Haben und Wollen sind — denn zugleich beginnen wir sie sowohl zu empfangen als zu haben und zu wollen, und sobald sie empfangen ist, ist sie gehabt und wollen wir sie —: so sind sie haben oder wollen, obgleich sie der Natur nach früher sind als sie bewahren, dennoch zeitlich zugleich. Deshalb empfangen wir von dem, von dem wir zugleich sowohl das Haben als das Wollen und Bewahren der Rechtheit des Willens empfangen, die Gerechtigkeit; und sobald als wir diese Rechtheit des Willens haben und wollen, ist sie Gerechtigkeit zu nennen.

Daß wir aber zufügten: „um ihrer selbst willen", ist so notwendig, daß auf keine Weise diese Rechtheit Gerechtigkeit ist, außer sie wurde um ihrer selbst willen bewahrt.

Sch. Ich kann nichts dagegen denken.

L. Scheint dir, daß diese Definition der höchsten Gerechtigkeit an-

D. Nihil cogitare possum contra.

M. Videtur tibi quod ista definitio possit aptari summae iustitiae, secundum quod de re loqui possumus, de qua nihil aut vix aliquid proprie potest dici?

D. Licet non ibi sit aliud voluntas, aliud rectitudo, tamen sicut dicimus potestatem divinitatis aut divinam potestatem sive potentem divinitatem, cum in divinitate non sit aliud potestas quam divinitas: ita non inconvenienter dicimus ibi rectitudinem voluntatis aut voluntariam rectitudinem seu rectam voluntatem. Si vero illam rectitudinem dicimus propter se servari, de nulla alia rectitudine sic convenienter dici posse videtur. Sicut enim non aliud illam, sed ipsa se servat, nec per aliud, sed per se: ita non propter aliud quam propter se.

M. Indubitanter igitur possumus dicere quia iustitia est rectitudo voluntatis, quae rectitudo propter se servatur. Et quoniam verbi, quod hic dico ‚servatur‘, non habemus participium passivum praesentis temporis: pro praesenti possumus uti passivo praeterito participio eiusdem verbi.

D. Hunc usum habemus notissimum, ut praeteritis participiis passivis utamur pro praesentibus, quae Latinitas non habet, sicut non habet praeterita participia a verbis activis et neutris; et pro praeteritis, quae non habet, utitur praesentibus, ut si dicam de aliquo: Hic quod studens et legens didicit, non nisi coactus docet. Id est: quod dum studuit et legit didicit, non nisi cum cogitur, docet.

M. Bene igitur diximus iustitiam esse rectitudinem voluntatis servatam propter se, id est quae servatur propter se. Et hinc est quod iusti dicuntur aliquando *recti corde*, id est recti voluntate; aliquando *recti* sine adiectione *cordis,* quoniam nullus alius intelligitur rectus nisi

gepaßt werden kann, soweit wir von einer Sache reden können, von der nichts oder kaum etwas im eigentlichen Sinne ausgesagt werden kann?

Sch. Obgleich dort nicht etwas anderes der Wille ist, etwas anderes die Rechtheit, sprechen wir dort dennoch nicht unangemessen von Rechtheit des Willens oder von willentlicher Rechtheit oder von rechtem Willen, wie wir von der Macht der Gottheit oder von göttlicher Macht oder mächtiger Gottheit sprechen, da in der Gottheit die Macht nichts anderes ist als die Gottheit. Wenn wir aber von jener Rechtheit sagen, daß sie um ihrer selbst willen bewahrt wird, so scheint es, daß sie von keiner anderen Rechtheit so angemessen ausgesagt werden kann. Denn wie nicht etwas anderes sie, sondern sie selbst sich bewahrt, noch durch etwas anderes, sondern durch sich: so nicht um eines anderen willen als um ihrer selbst willen.

L. Unbedenklich können wir also sagen, daß die Gerechtigkeit ist: Rechtheit des Willens, eine Rechtheit, die um ihrer selbst willen bewahrt wird. Und weil wir von dem Verbum, welches ich hier nenne „bewahrt wird", kein Participium passivum praesens haben, so können wir an Stelle des Präsens das Participium passivum der Vergangenheit desselben Verbums gebrauchen.

Sch. Diesen sehr bekannten Gebrauch haben wir, daß wir die Participia passiva der Vergangenheit gebrauchen anstatt der des Praesens, die das Lateinische nicht hat, wie es nicht Participia der Vergangenheit von aktiven und neutralen Verben hat und an Stelle der Vergangenheit, die es nicht hat, die Gegenwart gebraucht; so wenn ich von jemandem sage: Was dieser studierend und lesend gelernt hat, lehrt er nur gezwungen. Das heißt: was er, während er studierte und las, gelernt hat, lehrt er nur, wenn er gezwungen wird.

L. Gut haben wir also gesagt, daß die Gerechtigkeit Rechtheit des Willens ist, bewahrt um ihrer selbst willen, das heißt, die um ihrer selbst willen bewahrt wird. Und daher kommt es, daß die Gerechten manchmal „Rechte im Herzen", das heißt Rechte im Willen genannt werden; manchmal nur „Rechte" ohne Beifügung „im Herzen", weil

Ps 31, 11 ille, qui rectam habet voluntatem. Ut est illud: *Gloriamini*
Ps 106, 42 *omnes recti corde.* Et: *Videbunt recti et laetabuntur.*

D. Satisfecisti etiam pueris de definitione iustitae; transeamus ad alia.

CAPITULUM XIII

Quod una sit veritas in omnibus veris

M. Redeamus ad rectitudinem seu veritatem, quibus duobus nominibus, quoniam de rectitudine mente sola perceptibili loquimur, una res significatur, quae genus est iustitiae; et quaeramus, an sit una sola veritas | in omnibus illis, in quibus veritatem dicimus esse, an ita sint veritates plures, sicut plura sunt, in quibus constat esse veritatem.

Op. omnia p. 197

D. Hoc multum nosse desidero.

M. Constat quia in quacumque re sit veritas, non est aliud quam rectitudo.

D. Non hinc dubito.

M. Si ergo plures sunt veritates secundum plures res, plures quoque sunt rectitudines.

D. Hoc quoque non minus certum est.

M. Si secundum diversitates rerum necesse est esse diversas rectitudines: utique secundum res ipsas habent esse suum eaedem rectitudines; et sicut res ipsae, in quibus sunt, variantur, sic quoque rectitudines varias esse necesse est.

D. In una re, in qua rectitudinem esse dicimus, ostende quod in ceteris intelligam.

niemand anders als Rechter verstanden wird, außer dem, der einen rechten Willen hat. Daher jenes (Wort): „Rühmet euch alle, die ihr Rechte im Herzen seid." Und: „Es werden die Rechten sehen und sich freuen."

Sch. Du hast sogar den Kindern über die Definition der Gerechtigkeit Genüge getan; gehen wir zu anderem über.

13. Kapitel

Daß eine *Wahrheit in allem Wahren ist*

L. Kehren wir zur Rechtheit oder Wahrheit zurück, zwei Namen, mit denen *eine* Sache angezeigt wird, die die Gattung der Gerechtigkeit ist, weil wir von der Rechtheit, die mit dem Geiste allein wahrgenommen werden kann, sprechen; und fragen wir, ob nur *eine* Wahrheit in all jenen Dingen ist, von denen wir sagen, daß Wahrheit in ihnen ist, oder ob so mehrere Wahrheiten sind, wie es mehrere Dinge sind, in denen, wie festgestellt, Wahrheit ist.

Sch. Dies zu erfahren wünsche ich sehr.

L. Es steht fest, daß die Wahrheit, in welchem Dinge sie sei, nichts anderes ist als Rechtheit.

Sch. Daran zweifle ich nicht.

L. Wenn es also mehrere Wahrheiten gemäß den mehreren Dingen gibt, gibt es auch mehrere Rechtheiten.

Sch. Auch das ist nicht weniger gewiß.

L. Wenn es nach den Verschiedenheiten der Dinge verschiedene Rechtheiten geben muß, so haben diese Rechtheiten gemäß diesen Dingen ihr Sein; und wie die Dinge selbst, in denen sie sind, wechseln, so müssen auch die Rechtheiten verschiedenartig sein.

Sch. Zeige an *einer* Sache, von der wir sagen, daß Rechtheit in ihr sei, was ich von den anderen verstehen soll.

M. Dico quia, si rectitudo significationis ideo est alia quam voluntatis rectitudo, quia ista in voluntate, illa in significatione est: habet suum esse rectitudo propter significationem et secundum eam mutatur.

D. Ita est. Cum enim significatur esse quod est, aut non esse quod non est, recta est significatio, et constat esse rectitudinem, sine qua significatio recta nequit esse. Si vero significetur esse quod non est, vel non esse quod est, aut si nihil omnino significetur: nulla erit rectitudo significationis, quae non nisi in significatione est. Quapropter per significationem habet esse et per eam mutatur eius rectitudo, quemadmodum color per corpus habet esse et non esse. Existente namque corpore colorem eius esse necesse est, et pereunte corpore colorem eius manere impossibile est.

M. Non similiter se habent color ad corpus et rectitudo ad significationem.

D. Ostende dissimilitudinem.

M. Si nullus aliquo significare velit signo quod significandum est: erit ulla per signa significatio?

D. Nulla.

M. An ideo non erit rectum, ut significetur quod significari debet?

D. Non idcirco minus erit rectum, aut minus hoc exiget rectitudo.

M. Ergo non existente significatione non perit rectitudo, qua rectum est et qua exigitur, ut quod significandum est, significetur.

Op. omnia p. 198

D. Si interisset, non esset hoc rectum, nec ipsa hoc exigeret.

M. Putasne, cum significatur quod significari debet, significationem tunc esse rectam propter hanc et secundum hanc ipsam rectitudinem?

L. Ich sage, daß, wenn die Rechtheit der Anzeige deshalb eine andere ist als die Rechtheit des Willens, weil diese im Willen, jene in der Anzeige ist, die Rechtheit ihr Sein wegen der Anzeige hat und nach ihr sich ändert.

Sch. So ist es. Denn wenn angezeigt wird, daß ist, was ist, oder daß nicht ist, was nicht ist, ist die Anzeige recht, und es steht fest, daß es die Rechtheit ist, ohne die die Anzeige nicht recht sein kann. Wenn aber angezeigt wird, daß ist, was nicht ist, oder daß nicht ist, was ist, oder wenn überhaupt nichts angezeigt wird, wird es keine Rechtheit der Anzeige geben, die nur in der Anzeige sein kann. Deshalb hat ihre Rechtheit durch die Anzeige das Sein und wird durch sie verändert, wie die Farbe durch den Körper Sein und Nichtsein hat. Denn wenn der Körpper existiert, ist es notwendig, daß seine Farbe (da) ist; und wenn der Körper zugrunde geht, ist es unmöglich, daß seine Farbe bleibt.

L. Nicht ähnlich verhalten sich die Farbe zum Körper und die Rechtheit zur Anzeige.

Sch. Zeige die Unähnlichkeit!

L. Wenn niemand durch ein Zeichen anzeigen will, was anzuzeigen ist: wird es (dann) irgendeine Anzeige durch Zeichen geben?

Sch. Keine.

L. Wird es darum nicht recht sein, daß angezeigt wird, was angezeigt werden muß?

Sch. Deshalb wird es nicht weniger recht sein oder wird dies die Rechtheit weniger fordern.

L. Wenn also die Anzeige nicht existiert, geht die Rechtheit, durch die recht ist und durch die gefordert wird, daß angezeigt wird, was anzuzeigen ist, nicht zugrunde.

Sch. Wenn sie zugrunde gegangen wäre, wäre dies nicht recht noch würde sie selbst das fordern.

L. Glaubst du, daß, wenn angezeigt wird, was angezeigt werden muß, die Anzeige dann recht ist wegen dieser und gemäß dieser selben Rechtheit?

D. Immo non possum aliter putare. Si enim alia rectitudine recta est significatio, pereunte ista nihil prohibet rectam esse significationem. Sed nulla est recta significatio, quae significat quod non est rectum significari, aut quod non exigit rectitudo.

M. Nulla igitur significatio est recta alia rectitudine quam illa, quae permanet pereunte significatione.

D. Palam est.

M. An ergo non vides quia non ideo est rectitudo in significatione, quia tunc incipit esse, cum significatur esse quod est, vel non esse quod non est, sed quia significatio tunc fit secundum rectitudinem, quae semper est; nec ob hoc abest a significatione, quia perit, cum non, sicut debet, aut cum nulla sit significatio, sed quoniam tunc significatio deficit a non deficiente rectitudine?

D. Sic video, ut non possim non videre.

M. Rectitudo igitur, qua significatio recta dicitur, non habet esse aut aliquem motum per significationem, quomodocumque ipsa moveatur significatio.

D. Nihil mihi iam clarius.

M. Potesne probare colorem similiter se habere ad corpus, quomodo rectitudo se habet ad significationem?

D. Paratior nunc sum probare quia valde dissimiliter.

M. Puto quia iam tibi notum est, quid de voluntate et eius rectitudine et de aliis, quae rectitudinem debent, sentiendum sit.

D. Omnino video hac ipsa ratione probari, quoquo modo ipsa sint, rectitudinem immutabilem permanere.

M. Quid ergo consequi existimas de ipsis rectitudinibus? Sunt aliae ab invicem, aut est una et eadem omnium rectitudo?

D. Supra concessi quia, si ideo plures sunt rectitudines, quoniam plures sunt res, in quibus considerantur: necesse

Sch. Ich kann sogar nicht anders denken. Denn wenn die Anzeige durch eine andere Rechtheit recht ist, so würde, wenn diese zugrunde ginge, nichts hindern, daß die Anzeige recht ist. Aber es gibt keine rechte Anzeige, die anzeigt, was nicht recht ist angezeigt zu werden oder was nicht die Rechtheit fordert.

L. Es ist also keine Anzeige recht durch eine andere Rechtheit als die, die bestehen bleibt, wenn die Anzeige zugrunde geht.

Sch. Das ist klar.

L. Siehst du also nicht, daß Rechtheit nicht deshalb in der Anzeige ist, weil sie dann zu sein beginnt, wenn angezeigt wird, daß ist, was ist, oder daß nicht ist, was nicht ist, sondern weil die Anzeige dann nach der Rechtheit, die immer ist, geschieht; und sie nicht deshalb der Anzeige fehlt, weil sie zugrunde geht, wenn die Anzeige nicht ist, wie sie (sein) muß, oder wenn überhaupt keine Anzeige vorhanden ist, sondern weil dann die Anzeige von der nicht schwindenden Rechtheit abfällt?

Sch. So sehe ich es, daß ich es nicht nicht sehen kann.

L. Die Rechtheit also, durch die die Anzeige recht heißt, hat nicht das Sein oder irgendeine Veränderung durch die Anzeige, wie immer auch die Anzeige selbst sich verändert.

Sch. Nichts ist mir jetzt klarer.

L. Kannst du beweisen, daß die Farbe sich ähnlich zum Körper verhält, wie die Rechtheit sich zur Anzeige verhält?

Sch. Ich bin jetzt mehr bereit zu beweisen, daß (sie sich) sehr unähnlich (verhält).

L. Ich glaube, daß dir nun bekannt ist, was vom Willen und seiner Rechtheit und von den anderen Dingen, die Rechtheit schulden, zu halten ist.

Sch. Ich sehe vollkommen, daß durch diese selbe Begründung bewiesen wird, wie die Rechtheit, mögen jene wie immer sein, unverändert bleibt.

L. Was also meinst du, daß aus diesen Rechtheiten folgt? Sind sie

est eas existere et variari secundum res ipsas; quod nequaquam fieri demonstratum est. Quapropter non ideo sunt plures rectitudines, quia plures sunt res, in quibus sunt.

Op. omnia
p. 199

M. An habes aliquam aliam rationem, cur tibi plures esse videantur, praeter ipsam rerum pluralitatem?

D. Sicut istam nullam esse cognosco, ita nullam aliam inveniri posse considero.

M. Una igitur et eadem est omnium rectitudo.

D. Sic mihi fateri necesse est.

M. Amplius: Si rectitudo non est in rebus illis, quae debent rectitudinem, nisi cum sunt secundum quod debent, et hoc solum est illis rectas esse: manifestum est earum omnium unam solam esse rectitudinem.

D. Non potest negari.

M. Una igitur est in illis omnibus veritas.

D. Et hoc negari impossibile est. Sed tamen ostende mihi: cur dicimus ‚huius vel illius rei veritatem', velut ad distinguendas veritatum differentias, si nullam ab ipsis rebus assumunt diversitatem? Multi namque vix concedent nullam esse differentiam inter veritatem voluntatis et eam, quae dicitur actionis, aut alicuius aliorum.

M. Improprie ‚huius vel illius rei' esse dicitur, quoniam illa non in ipsis rebus aut ex ipsis aut per ipsas, in quibus esse dicitur, habet suum esse. Sed cum res ipsae secundum illam sunt, quae semper praesto est iis, quae sunt sicut debent: tunc dicitur ‚huius vel illius rei veritas', ut veritas voluntatis, actionis, quemadmodum dicitur ‚tempus huius vel illius rei', cum unum et idem sit tempus omnium, quae in eodem tempore simul sunt; et si non esset haec vel illa res, non minus esset idem tempus. Non enim ideo dicitur ‚tempus huius vel illius rei', quia tempus est in ipsis rebus, sed quia ipsae sunt in tempore. Et sicut tempus per se consideratum non dicitur tempus alicuius, sed cum res,

verschieden voneinander, oder ist die Rechtheit aller Dinge ein- und dieselbe?

Sch. Oben räumte ich ein, daß, wenn es mehrere Rechtheiten gibt, weil es mehrere Dinge gibt, in denen sie geschaut werden, sie notwendig diesen Dingen gemäß bestehen und sich verändern; daß dies durchaus nicht geschieht, ist bewiesen worden. Daher sind nicht deshalb mehrere Rechtheiten, weil es mehrere Dinge gibt, in denen sie sind.

L. Hast du irgendeinen anderen Grund, warum es dir mehrere zu sein scheinen, außer dieser Mehrheit von Dingen?

Sch. Wie ich erkenne, daß dieser keiner ist, so sehe ich, daß kein anderer gefunden werden kann.

L. Es ist also die Rechtheit von allem ein- und dieselbe.

Sch. So muß ich mir eingestehen.

L. Ferner: Wenn die Rechtheit nicht in jenen Dingen ist, die Rechtheit schulden, außer wenn sie sind, wie sie (sein) müssen, und dies allein für sie recht sein ist, so liegt es klar vor Augen, daß ihrer aller Rechtheit nur *eine* ist.

Sch. Das kann nicht geleugnet werden.

L. *Eine* ist also in jenen allen die Wahrheit.

Sch. Auch das zu leugnen ist unmöglich. Aber zeige mir dennoch: warum sagen wir die Wahrheit „dieses oder jenes Dinges", wie um die Unterschiede der Wahrheiten auseinanderzuhalten, wenn sie von diesen Dingen keine Verschiedenheit annehmen? Denn viele werden kaum zugeben, daß kein Unterschied besteht zwischen der Wahrheit des Willens und der, die (Wahrheit) des Handelns genannt wird, oder irgendeines der anderen Dinge.

L. Uneigentlich sagt man, sie sei (die Wahrheit) „dieses oder jenes Dinges", weil jene nicht in diesen Dingen oder aus ihnen oder durch sie, in denen sie sein soll, ihr Sein hat. Sondern wenn diese Dinge ihr gemäß sind, die immer denen gegenwärtig ist, die sind, wie sie (sein) müssen: dann sagt man „die Wahrheit dieses oder jenes Dinges" — wie die Wahrheit des Willens, des Handelns —, so wie man sagt „die

quae in illo sunt, consideramus, dicimus ‚tempus huius vel illius rei': ita summa veritas per se subsistens nullius rei est; sed cum aliquid secundum illam est, tunc eius dicitur veritas vel rectitudo.

Zeit dieses oder jenes Dinges", obwohl ein- und dieselbe die Zeit von allem ist, was in derselben Zeit zugleich ist; und wenn es nicht dieses der jenes Ding gäbe, so wäre es nicht weniger dieselbe Zeit. Denn nicht deshalb sagt man „die Zeit dieses oder jenes Dinges", weil die Zeit in diesen Dingen ist, sondern weil sie in der Zeit sind. Und wie die Zeit für sich betrachtet nicht die Zeit von etwas genannt wird, sondern wenn wir die Dinge, die in ihr sind, betrachten, sagen „die Zeit dieses oder jenes Dinges": so gehört die höchste, durch sich bestehende Wahrheit keinem Dinge an; sondern wenn etwas ihr gemäß ist, dann wird es dessen Wahrheit oder Rechtheit genannt.